MARCO ✦ POLO
DOLOMITEN

Reisen mit Insider-Tips

*Diese Tips sind die ganz speziellen
Empfehlungen unserer Autoren.
Sie sind im Text gelb unterlegt.*

*Fünf Symbole sollen Ihnen
die Orientierung in diesem Führer erleichtern:*

für Marco Polo Tips – die besten in jeder Kategorie

für alle Objekte, bei denen Sie auch eine schöne Aussicht haben

für Plätze, wo Sie bestimmt viele Einheimische treffen

für Treffpunkte für junge Leute

(108 / A 1)
*Seitenzahlen und Koordinaten für den Reiseatlas Dolomiten
(**O**) außerhalb des Kartenausschnitts*

*Diesen Führer schrieb Isolde von Mersi.
Die Journalistin ist in Südtirol aufgewachsen und setzt
die angeborene Affinität zu den Bergen auch beruflich um
in Reportagen und Büchern über den Alpenraum.*

*Die Marco Polo Reihe wird herausgegeben
von Ferdinand Ranft.*

Die aktuellsten Insider-Tips finden Sie im Internet unter http://www.marco-polo.de

MAIRS GEOGRAPHISCHER VERLAG

MARCO ⊕ POLO

Für Ihre nächste Reise gibt es folgende Titel dieser Reihe:

Ägypten • Alaska • Algarve • Allgäu • Amrum/Föhr • Amsterdam • Andalusien • Antarktis • Argentinien/Buenos Aires • Athen • Australien • Azoren • Bahamas • Bali/Lombok • Baltikum • Bangkok • Barbados • Barcelona • Bayerischer Wald • Berlin • Berner Oberland • Bodensee • Bornholm • Brasilien/Rio • Bretagne • Brüssel • Budapest • Bulgarien • Burgenland • Burgund • Capri • Chalkidiki • Chiemgau/Berchtesgaden • Chile • China • Costa Blanca • Costa Brava • Costa del Sol/Granada • Costa Rica • Côte d'Azur • Dalmatinische Küste • Dänemark • Disneyland Paris • Dolomiten • Dominikanische Republik • Dresden • Dubai/Emirate/Oman • Düsseldorf • Ecuador/Galapagos • Eifel • Elba • Elsaß • Emilia-Romagna • England • Erzgebirge/Vogtland • Finnland • Flandern • Florenz • Florida • Franken • Frankfurt • Frankreich • Französische Atlantikküste • Fuerteventura • Gardasee • Golf von Neapel • Gran Canaria • Griechenland • Griechische Inseln/Ägäis • Hamburg • Harz • Hawaii • Heidelberg • Holland • Holländische Küste • Hongkong • Ibiza/Formentera • Indien • Ionische Inseln • Irland • Ischia • Island • Israel • Istanbul • Istrien • Italien • Italien Nord • Italien Süd • Ital. Adria • Ital. Riviera • Jamaika • Japan • Java/Sumatra • Jemen • Jerusalem • Jordanien • Kalifornien • Kanada • Kanada Ost • Kanada West • Kanalinseln • Karibik I • Karibik II • Kärnten • Kenia • Köln • Königsberg/Ostpreußen Nord • Kopenhagen • Korsika • Kos • Kreta • Krim/Schwarzmeerküste • Kuba • Languedoc-Roussillon • Lanzarote • La Palma • Leipzig • Libanon • Lissabon • Lofoten • Loire-Tal • London • Lüneburger Heide • Luxemburg • Macau • Madagaskar • Madeira • Madrid • Mailand/Lombardei • Malaysia • Malediven • Mallorca • Malta • Mark Brandenburg • Marokko • Masurische Seen • Mauritius • Mecklenburger Seenplatte • Menorca • Mexiko • Mosel • Moskau • München • Namibia • Nepal • Neuseeland • New York • Nordseeküste: Schleswig-Holstein • Normandie • Norwegen • Oberbayern • Oberitalienische Seen • Oberschwaben • Österreich • Ostfriesische Inseln • Ostseeküste: Mecklenburg-Vorpommern • Ostseeküste: Schleswig-Holstein • Paris • Peking • Peloponnes • Peru/Bolivien • Pfalz • Philippinen • Phuket • Piemont/Turin • Polen • Portugal • Potsdam • Prag • Provence • Rhodos • Riesengebirge • Rocky Mountains • Rom • Rügen • Rumänien • Rußland • Salzburg/Salzkammergut • Samos • San Francisco • Sardinien • Schottland • Schwarzwald • Schweden • Schweiz • Seychellen • Singapur • Sizilien • Slowakei • Spanien • Spreewald/Lausitz • Sri Lanka • Steiermark • Sankt Petersburg • Südafrika • Südamerika • Südengland • Südsee • Südtirol • Sylt • Syrien • Taiwan • Teneriffa • Tessin • Thailand • Thüringen • Tirol • Tokio • Toskana • Tschechien • Tunesien • Türkei • Türkische Mittelmeerküste • Umbrien • Ungarn • USA • USA: Neuengland • USA Ost • USA Südstaaten • USA Südwest • USA West • Usedom • Venedig • Venetien/Friaul • Venezuela • Vietnam • Wales • Die Wartburg/Eisenach und Umgebung • Weimar • Wien • Zürich • Zypern • Die besten Weine in Deutschland • Die 30 tollsten Ziele in Europa • Die tollsten Hotels in Deutschland • Die tollsten Musicals in Deutschland • Die tollsten Restaurants in Deutschland

Die Marco Polo Redaktion freut sich, wenn Sie ihr schreiben: Marco Polo Redaktion, Mairs Geographischer Verlag, Postfach 31 51, D-73751 Ostfildern

Unsere Autoren haben nach bestem Wissen recherchiert. Trotzdem schleichen sich manchmal Fehler ein, für die der Verlag keine Haftung übernehmen kann.

Titelbild: See am Sella Joch, gegenüber Langkofel (Schapowalow: Kirsch)
Fotos: Anzenberger: Bernhart (12, 20); HB Verlag, Hamburg (24, 50, 60, 70, 78, 84); H. Jennerich (54);
G. Jung (4, 17, 19, 57); Lade: Andree (82), Brinek (7), Mathis (58), S.K. (47), Dr. Wagner (73);
Mauritius: Hubatka (107); P. Santor (81); O. Seehauser (32, 35, 41);
Steffens: Geiersperger (49, 66), Wagner (28)

3., aktualisierte Auflage 2000 © Mairs Geographischer Verlag, Ostfildern
Chefredakteurin: Marion Zorn
Gestaltung: Thienhaus/Wippermann (Büro Hamburg)
Kartographie Reiseatlas: © Mairs Geographischer Verlag
Sprachführer: in Zusammenarbeit mit dem Ernst Klett Verlag für Wissen und Bildung GmbH,
Redaktion PONS Wörterbücher

Das Werk einschließlich aller seiner Teile ist urheberrechtlich geschützt. Jede urheberrechtsrelevante Verwertung ist ohne Zustimmung des Verlages unzulässig und strafbar. Das gilt insbesondere für Vervielfältigungen, Übersetzungen, Nachahmungen, Mikroverfilmungen und die Einspeicherung und Verarbeitung in elektronischen Systemen.

Printed in Germany
Gedruckt auf 100% chlorfrei gebleichtem Papier

INHALT

Auftakt: Entdecken Sie die Dolomiten! .... | 5
Wer wird denn gleich die Felswände hochgehen! In Städten und Tälern tauchen Sie in drei verschiedene Kulturen ein

Geschichtstabelle .... | 10

Dolomiten-Stichworte: Von Alpenglühen bis Zweisprachigkeit .... | 13
Klassische und alternative, auf jeden Fall aber besondere Phänomene des Dolomitenraums werden hier unter die Lupe genommen

Essen & Trinken: Nockerln oder Gnocchi? .... | 21
Mal bäuerlich, mal raffiniert präsentiert sich die Kunst der Dolomitenbewohner, dem Teig hunderterlei Formen und Geschmäcker zu geben

Einkaufen & Souvenirs: Abschied vom Wurzelsepp .... | 25
Edle Tropfen, rustikale Leckerbissen und Kunsthandwerk aus Traditionshäusern sind die Alternativen zur alpenländischen Kitschparade

Dolomiten-Kalender: Spektakuläre Verhüllungen .... | 29
Masken, Trachten, historische Gewänder – bunt und voller Phantasie ist der Kostümfundus auch für die Feste vor und nach dem Karneval

Hotel- und Restaurantpreise .... | 33

Belluneser Dolomiten: Unter allen Gipfeln ist Ruh .... | 33
Hier finden Sie die Superlative der Bergeinsamkeit: die meisten Dreitausender, die verschlungensten Wege, die stillsten Täler

Südtiroler Dolomiten: Klassiker im Kletterparadies .... | 51
Unverwüstlich wie der Mythos von Zwergenkönig Laurins Rosengarten ist Südtirols Image als Hoch- und Felsenburg des Dolomitentourismus

Dolomiten des Trentino: Verbindung zwischen Nord und Süd ..... | 71
Alles fein beieinander: italienischer Lebensstil, ladinisches Traditionsbewußtsein und der Apfelstrudel als süßeste Reminiszenz der alten Donaumonarchie

Routen in den Dolomiten .... | 87

Praktische Hinweise: Von Auskunft bis Zoll .... | 91
Hier finden Sie kurzgefaßt die wichtigsten Adressen und Informationen für Ihre Dolomiten-Reise

Warnung: Bloß nicht! .... | 97
Hier noch einige Tips, die Ihnen womöglich kleinen oder größeren Ärger ersparen und vielleicht sogar das Leben retten können

Sprachführer Italienisch: Sprechen und Verstehen ganz einfach .. | 99

Reiseatlas Dolomiten .... | 107

Register .... | 119

Was bekomme ich für mein Geld? .... | 120

AUFTAKT

Entdecken Sie die Dolomiten!

Wer wird denn gleich die Felswände hochgehen! In Städten und Tälern tauchen Sie in drei verschiedene Kulturen ein

Warum ist der Grünsee auf der Fanes-Alm so grün? Weil eine unglückselige Schloßherrin ihren unheilstiftenden Zauberspiegel in die Fluten warf. Sein Gift verfärbte das Wasser für immer. Und warum heißen die Dolomiten die »bleichen Berge«? Weil das Zwergenvolk sie mit Fäden aus Mondlicht eingesponnen hat, um eine heimwehkranke Mondprinzessin auf Erden bei ihrem Märchenprinzen zu halten.

Die Dolomiten sind märchenhafte Berge. Die ältesten Bewohner dieses mächtigen Massivs am südöstlichen Rand des Alpenbogens haben seine manchmal schauerliche, manchmal bizarre, immer wieder aber magisch schöne Landschaft in unvergleichlich poetische Schöpfungsmythen verwoben. Wir heutigen Dolomitenbesucher stapfen umher auf abertausend gut markierten Wanderwegen, wir kraxeln auf gesicherten Klettersteigen oder Felsrouten, wir stürzen uns auf Skiern und Schlitten, ja sogar mit Gleitschirmen in die Tiefe, surren mit futuristischen Gondeln wieder hoch – und staunen doch jedesmal aufs neue, wenn wir hinaufschauen zu den wuchtigen Blöcken, zu den da filigranen, dort wieder massigen Felstürmen, die abrupt aufsteigen aus Wiesen voller Blumen, aus dunklen Fichtenwäldern oder hellen Lärchenhainen. Wir sehen Wolkenfetzen aus Schluchten und Rissen wabern und meinen, gleich kommt die Nebelfrau. Riffe und Klötze, Zinnen und Kämme stehen stolz und unnahbar um uns Spalier, als wären es Wächter einer anderen Welt.

Rund 200 Millionen Jahre hat die Geburt der Zauberberge gedauert. Man kann an den Entstehungsprozeß am besten nachvollziehen, wenn man sich eine Trickfilmszene vorstellt: Ein Chaot türmt sich sein vielstöckiges Sandwich nicht fein säuberlich Schicht für Schicht, sondern ziemlich willkürlich durcheinander auf. Die Basis des Gebirges ist der Grund des einstigen Mittelmeers. Dort lagerten sich Schichten von Kalk, Ton, Gips, Mergel und Sand ab. Korallen bauten Riffe und Atolle. Als sich vor rund siebzig Millionen Jahren der Südkontinent gegen den Nord-

St. Zyprian im Tierser Tal

kontinent schob, da wurde der Meeresboden zusammengepreßt und hoch über den Meeresspiegel gehoben. Dabei gab es gewaltige Verschiebungen, Verwerfungen, Faltungen und Vulkanausbrüche. Die meeresgeborenen Gipfel waren nun Wind, Wasser und den eiszeitlichen Gletschern ausgesetzt, die weitere Jahrmillionen an ihnen schliffen und nagten, bis sie ihre unverwechselbare Gestalt bekommen haben.

Der Name Dolomiten ist noch relativ neu. Ein Kunstprodukt: Er leitet sich ab aus dem Namen des französischen Naturforschers und Geologen Déodat de Dolomieu. Er entdeckte 1788 in Südtirol ein magnesiumhaltiges Kalkgestein und schloß daraus, daß es die Basis des Gebirges sei. Der Chemiker Théodore de Saussure analysierte das neue Mineral und schlug dafür 1795 zu Ehren des Entdeckers den Namen »dolomite« vor, einen Begriff, der sich alsbald in Europa für den ganzen Gebirgszug einbürgerte.

Dolomieu hat ein veritables Forschungsfieber ausgelöst. Nach ihm haben sich Wissenschaftler aus aller Welt mit Feuereifer darangemacht, Mineralien, Fossilien, Tiere, Pflanzen und Klima der Dolomiten und ihrer Täler zu identifizieren, zu klassifizieren, zu sammeln, zu erforschen und zu beschreiben. Heute legt die Flut an Fachliteratur den Schluß nahe, daß die Dolomiten zu den am gründlichsten analysierten Gebirgen der Welt gehören. Was aber nicht ausschließt, daß es immer noch Meinungsverschiedenheiten über die Abgrenzung des Gebiets gibt. Lassen wir Spitzfindigkeiten beiseite, dann zeigt ein Blick auf die Landkarte doch recht klare Konturen. Da gibt es den Hauptblock der Dolomiten. Ihn umgürten breite, wannenförmige Gletschertäler, im Norden das Pustertal, im Osten das Piavetal, im Süden die Valsugana und im Westen das Etschtal und das Eisacktal. Das Gadertal und das Cordevoletal teilen das Gebirge der Länge nach in die Östlichen und in die Westlichen Dolomiten. Diese Differenzierung kommt nicht von ungefähr, denn auf dem gemeinsamen Fundament aus Glimmerschiefer und Quarzphyllit stocken sich unterschiedliche Gesteinsschichten auf, nämlich ungeschichteter Schlerndolomit in den Westlichen Dolomiten, Hauptdolomit in den Östlichen Dolomiten.

So hat die Natur gleich zwei Landschaftsszenarien geschaffen. Die Täler der Westlichen Dolomiten sind schmale Einschnitte, über ihnen breiten sich ausgedehnte Almböden und Wälder aus. Abrupt steigen daraus scharf abgegrenzte, weißlichgelbe Bergstöcke mit oft nadelscharfen Spitzen in den Himmel. Latemar und Rosengarten sind typische Beispiele dafür. Solche filigranen Felsen fehlen in den Östlichen Dolomiten; die Drei Zinnen, zum Beispiel, die Tofane oder die Cinque Torri sind grobschlächtige Klötze mit scharfen Kanten.

Zum großen Hauptmassiv gesellt sich im Osten, bereits auf österreichischem Territorium, noch die kleine Kette der Lienzer Dolomiten südlich von Lienz. Ihre bizarren, bis zu 2718 Meter hohen Kalkzinnen, so der Spitzkofel, die Große-Sand-Spitze oder der Hochstadel, wurden noch zu Beginn unseres Jahrhunderts die »Unholde« genannt. Sie

AUFTAKT

Erfrischende Aussicht: Viele Wanderwege queren Wildbäche

sind den Dolomiten geologisch sehr ähnlich. Geographisch werden die Lienzer Dolomiten zu den Gailtaler Alpen gerechnet.

Westlich des Hauptgebirges macht sich im Trentino mit schwindelerregenden Türmen und Nadeln, mit zersägten Graten und zerklüfteten Wänden das mächtige Massiv der Brenta-Dolomiten breit. Die Geographen nennen sie zwar immer in einem Atemzug mit der angrenzenden Adamellogruppe. Die aber ist mit ihren Gletschern und pyramidenförmigen Gipfeln schon rein optisch deutlich von den Dolomiten zu unterscheiden.

Wo die herrlichen, unerschütterlichen Dolomitenberge stehen, da siegen auch das Gute, das Wahre, das Schöne und das Erhabene für immer und allezeit. Diesen Mythos haben fast alle Dolomitenbesucher – und auch die meisten -bewohner – im Herzen oder zumindest im Hinterkopf. Der Paradegrödner und Bergfilmer Luis Trenker war bis zu seinem letzten Atemzug mit 97 Jahren einer der eifrigsten und melodramatischsten Apologeten dieser Botschaft. Aber auch die Berghelden der Gegenwart, so progressiv sie sich sonst ge-

ben, rütteln nicht an den alten Glaubensmaximen. Reinhold Messner muß es ja wissen: »Die Dolomiten sind die schönsten Berge der Welt!«

Jahr für Jahr schlagen sie viele Millionen Urlauber und Sportler in ihren Bann, gleichgültig, ob Sommer oder Winter ist. Deswegen geht es auch im Parterre der Dolomiten ganz profan wuselig zu. In den Hauptferienzeiten sind die schmalen Bergstraßen oft hoffnungslos verstopft. Manche Dörfer im Talgrund hat man im Lauf weniger Jahrzehnte ziemlich zubetoniert. Alte Bauernhäuser verschwinden hinter voluminösen Apartmenthäusern und Hotels. Satellitensiedlungen, Verkehrsinfarkte – auch das kann man hier wie in der Großstadt erleben.

Nüchtern besehen ist die Bergwelt der Dolomiten natürlich kein heiler Herrgottswinkel, sondern wie der Rest der Welt voller Widersprüche. Die Fassaner, die Grödner, die Buchensteiner aus den Ferienzentren in den Talsohlen sind so mondän wie ihre Gäste aus Hamburg, Mailand und Rom. An den Hängen nur ein paar hundert Meter höher tragen die letzten ladinischen Bergbauern riesige Heuballen auf dem Rücken in ihre Scheunen, weil auf den abschüssigen Wiesen nicht die mindeste Motorisierung möglich ist. Wenn man nicht ein hoffnungsloser Zivilisationsflüchtling ist, dann kann man durchaus beide Welten genießen. Am Morgen aufsteigen in die Stille und Einsamkeit zwischen den Felswänden und sich am Abend von der Majestät der Berge entspannen in den trivialen Niederungen von Hallenschwimmbädern, Nachtlokalen, Restaurants oder Bars.

Angefangen hat das Kontrastprogramm um die Mitte des vorigen Jahrhunderts, als die ersten Alpinisten aus England, Deutschland und Österreich gekommen sind, gierig auf unbezwungene Gipfel. Die nächsten Freaks haben nicht lang auf sich warten lassen; um die Jahrhundertwende fanden sich auch die Pioniere des Skilaufs ein. Die Eisenbahnlinien durch das Pustertal, die Schmalspurbahnen durchs Höhlensteintal oder ins Grödner Tal machten's möglich: Komfortabel im Salonwagen reisten mit Kind und Kegel auch die *beautiful people* der Belle Époque in die Sommer- oder Winterfrische. Am Karersee, am Pragser Wildsee, in Madonna di Campiglio, in Cortina oder in Toblach entstanden luxuriöse Hotelpaläste für die aristokratischen und großbürgerlichen Reisenden aus Europa und Übersee.

Nach dem Zweiten Weltkrieg haben die Massen die Eliten verdrängt. Lange Jahre schien es, als bekämen die Einheimischen die immer mächtigeren Ströme von Urlaubern nicht in den Griff. Euphorisiert von schnellen Gewinnen wurde mancherorts plan- und rücksichtslos spekuliert, erschlossen und gebaut. Natürlich hat der rasante Wandel einer über Jahrhunderte hinweg rein bäuerlichen und handwerklichen Gemeinschaft zur hochspezialisierten touristischen Dienstleistungsgesellschaft auch jede Menge Kulturpessimisten auf den Plan gerufen, die auf Schritt und Tritt Umweltzerstörung oder Identitätsverluste wittern. Schauen wir aber ein Stück zurück in die Geschichte, dann kann es keinen Zweifel geben: Die Veränderungen sind mehr Segen als Fluch. Es ist noch nicht einmal hundert Jahre her, da hatte ein Bauer in den durchwegs über tausend Meter hoch gelegenen Dolomitentälern zum Leben zuwenig, zum Sterben zuviel. Alle, die der heimatliche Hof nicht ernähren konnte, mußten auswandern – die Alternativen zur Landwirtschaft waren minimal, krisenanfällig oder von begrenzter Dauer, wie beispielsweise die Förderung von Eisenerz in Tälern wie des Valle di Zoldo. Mittlerweile ist der Fremdenverkehr überall in den Dolomiten die tragende Säule des Wirtschaftslebens; Abwanderung gibt es fast nirgends mehr.

Die Übererschließung hat in den Dolomiten ihre Schattenseiten so kraß gezeigt, daß Genosse Trend bereits wieder Kehrtmarsch zu »small and soft is beautiful« gemacht hat. Mit den Naturparks wurden weite Teile der Dolomiten unter Schutz gestellt. Die Bauvorschriften sind strenger, die technische Erschließung neuer Gipfel ein Ding der Unmöglichkeit. Mehr noch: Erst der Wohlstand hat dazu geführt, daß die überlieferten Traditionen, Kunst und Kultur so ge-

AUFTAKT

pflegt und erhalten werden können, wie sie es verdienen. Der Ausverkauf von Schlössern und Ansitzen beispielsweise hat endlich ein Ende gefunden.

Aber sonst gibt's noch reichlich zu tun. Denn immerhin begehren auf ziemlich kleinem Raum drei verschiedene Kulturen ihre Rechte, die deutsche, die ladinische und die italienische. Auch das macht die Dolomiten so spannend: die auffallenden Unterschiede in der ländlichen und städtebaulichen Architektur, in den lokalen Ausprägungen der Kunst, im weltlichen und religiösen Brauchtum, in den Trachten und Kleidern, aber auch in den ganz alltäglichen Lebensgewohnheiten der drei Völker.

Alle Dolomitenbewohner sind italienische Staatsbürger. Ihre Landschaft ist auf die drei Provinzen Belluno, Südtirol und Trient aufgeteilt. Südtirol und das Trentino bilden zusammen eine der fünf autonomen Regionen Italiens. Im vorwiegend zentralistisch regierten Staat haben sie eine weitgehend eigenständige Gesetzgebung und Verwaltung. Die Landstriche südlich des Brenners sind jahrtausendelang Durchzugs- und Grenzgebiet gewesen. Bis zum Abschluß der Völkerwanderung kamen und gingen immer neue Stämme. Danach haben sich Fürsten und Kaiser, Bischöfe und Patriarchen feudale Besitzungen erworben und untereinander immer wieder streitig gemacht.

So ist es gekommen, daß die östlichen Dolomiten jahrhundertelang von der *Serenissima* beherrscht wurden, von der Seerepublik Venedig, daß im Süden die Fürstbischöfe von Trient ihre Machtsphäre hatten und in den westlichen und nördlichen Bereichen die Bischöfe von Brixen und die gefürsteten Grafen von Tirol. Von den zumeist leibeigenen Untertanen sind ursprünglich die meisten Ladiner gewesen. Je nachdem, ob Deutsch oder Italienisch die Sprache der Herren war, geriet die ihre ins Hintertreffen.

Trotz der hohen Berge herrscht in den Dolomiten grundsätzlich ein milderes Klima als in den übrigen Alpen. Der Hauptkamm schützt das Massiv vor den kalten Winden aus dem Norden und Osten Europas. Von Süden her können warme Luftmassen aus dem Mittelmeer leicht vorstoßen und so die winterliche Kälte mildern. Dennoch gibt es drei verschiedene Temperatur- und Niederschlagszonen. Im Süden der Dolomiten herrscht ein submediterran geprägtes, wohltemperiertes bis frisches Klima vor. Relativ kühles Kontinentalklima charakterisiert die übrigen Täler. Nur in reiner Gebirgslage gibt es ausgesprochen kaltes Klima mit Jahresdurchschnittstemperaturen unter 3 Grad Celsius.

Drei Wetter, drei Sprachen, drei Provinzen – wohin sich also wenden im unergründlichen Gipfelmeer? Ehrlich gesagt: Die Idealroute ist nur ein Faden fürs Labyrinth. Sie können sie nach Belieben verlängern oder verkürzen. Sie könnten das ganze Massiv umrunden. Oder nur die Brenta. Oder jeden einzelnen Gebirgsstock: Cristallo, Civetta, Sella, Marmolada. Selbst als treuer Gast brauchen Sie nur einmal ihre bisherigen Feriengewohnheiten über den Haufen zu werfen. Sind Sie Skifahrer? Dann

Geschichtstabelle

8000–6000 v.Chr.
Nomadisierende Jäger der Mittleren Steinzeit siedeln sommers in den Dolomiten

1700–15 v. Chr.
Die Hirten der Bronzezeit, die Bauern der Eisenzeit leben ganzjährig in den Dolomitentälern

16 und 15 v. Chr.
Die Urbevölkerung der Räter wird von den römischen Feldherren Drusus und Tiberius unterworfen

15 v. Chr.–476 n. Chr.
Herrschaft der Römer. Aus dem Rätischen und dem Volkslatein entsteht die ladinische Sprache

476–1027
Langobarden, Franken, Bajuwaren und Ungarn dringen in die Dolomiten ein. Am Ende der Völkerwanderung unterstehen sie dem Heiligen Römischen Reich Deutscher Nation

1027–1363
In den Dolomitengebieten herrschen die Fürstbischöfe von Trient und Brixen. Die Grafen von Tirol gewinnen beinah überall die Macht. In den ladinischen Tälern formieren sich die Magnifiche Comunità

1363–1509
Die Grafschaft Tirol geht für nahezu ein halbes Jahrtausend an die Habsburger über. In Trient regieren die Fürstbischöfe. Den südöstlichen Teil der Dolomiten verleibt sich die Serenissima Repubblica di Venezia ein, nur Ampezzo kommt zu Tirol

1509–1797
Geistliche und weltliche Herrscher schlagen 1525 gemeinsam die Bauernaufstände nieder. Pest, Hexenprozesse und der Spanische Erbfolgekrieg belasten die Dolomitenbewohner schwer

1797–1815
Das Traktat von Campoformio weist dem Habsburgerreich die Dolomitenterritorien der Republik Venedig zu. In den napoleonischen Kriegen werden die Fürstbistümer Brixen und Trient aufgelöst, die Dolomiten Bayern und Italien zugewiesen. Die Tiroler begehren, geführt von Andreas Hofer, erfolglos gegen die Fremdherrschaft auf

1815–1914
Nach dem Wiener Kongreß werden die Dolomiten wieder von den Habsburgern regiert. In den Unabhängigkeitskriegen gewinnt das Königreich Italien das Cadore und die Belluneser Dolomiten

1914–1918
Österreichische und italienische Soldaten kämpfen an der Dolomitenfront einen ebenso aufreibenden wie erfolglosen Stellungskrieg in Fels und Eis

1919
Im Friedensvertrag von Saint-Germain muß Österreich Südtirol und Ampezzo an Italien

AUFTAKT

abtreten. Die Gemeinschaft der Ladiner wird zerrissen und auf die Provinzen Bozen, Trient und Belluno verteilt. Die Italiener im Trentino, die schon im 19. Jh. um ihre Unabhängigkeit vom Habsburgerreich kämpften, erreichen ihr Ziel, Teil des Königreichs Italien zu werden

1922–1943
Mussolini beginnt seine Versuche, Ladiner und deutsche Südtiroler zu assimilieren, und siedelt fortan konsequent und kontinuierlich Süditaliener in Südtirol an

1939–1945
Mussolini und Hitler sind zunächst verbündet. Nach dem Scheitern Mussolinis schlägt sich Italien auf die Seite der Alliierten. Belluno, Südtirol und Trentino werden als »Operationszone Alpenvorland« Teil des Deutschen Reiches und Schauplatz blutiger Partisanenkämpfe

1945–1969
Deutsche und ladinische Dolomitenbewohner kämpfen um Autonomie und Selbstbestimmung

1969
Deutsche und Ladiner in Südtirol bekommen die Selbstverwaltung mit dem »Südtirol-Paket«. Im Verbund als Region Trentino-Südtirol werden auch die Trentiner weitreichend unabhängig in Gesetzgebung und Verwaltung

---

finden Sie sich doch mal im Juni in Ihrem Pistenrevier ein, egal ob im Fassatal, in Corvara oder am Kreuzbergpaß. Türkenbund und Teufelskralle: Sie werden staunen, wenn Sie die Blumenmeere auf den schneefreien Matten sehen. Als italophiler Kosmopolit könnten Sie sich zur Abwechslung mal eine Tour über die abgeschiedensten Täler und Pässe zusammenstellen. Oder sich in einem Südtiroler Bergnest beim Bauern einmieten. Und wenn Sie umgekehrt aus Angst vor Sprachkomplikationen die deutschen Dolomitenbezirke nie verlassen haben, dann sollten Sie sich schleunigst aufmachen zum Stadtbummel in den zauberhaften alten Zentren von Belluno, Feltre oder Trient. Keine Angst: In Südtirols Nachbarprovinzen sprechen mehr Einheimische Deutsch, als Sie vermuten. Wohin immer es Sie aber zieht: Ganz besondere Aufmerksamkeit sollten Sie den Ladinern widmen, der ältesten Sprachgruppe in den Dolomiten. Heute ist sie mit rund 40 000 Angehörigen die kleinste Kulturgemeinschaft. Aber sie hat im Lauf von mehr als anderthalb Jahrtausenden das Unmögliche wahr gemacht: Ganz ohne Grammatik und Rechtschreibung, ohne Schriftstücke und Bücher haben die Ladiner ihre Sprache gerettet und damit eine eigene Welt. Die lebt leise fort, zum Teil schon in Museen. Wer sie sucht, der findet sie in den Sagen und Gesängen, auf 1500 Meter Höhe in den alten Weilern hoch über dem Gadertal, in manchen Schnitzerwerkstätten und bei all den gastfreundlichen Leuten im zauberhaften Freiluftatelier des größten Bildhauers aller Zeiten, der Natur.

STICHWORTE

Von Alpenglühen bis Zweisprachigkeit

Klassische und alternative, auf jeden Fall aber besondere Phänomene des Dolomitenraums werden hier unter die Lupe genommen

Alpenglühen
Das altvertraute und vielgeliebte Phänomen entfaltet sich in den Dolomiten mit unnachahmlicher Pracht. Die hellen Felsen wirken nämlich für das Feuerwerk der aufsteigenden oder sinkenden Sonne mit all seinen Nuancen von Rot, Orange, Rosa und Gold wie eine ganz besonders effektvolle Leinwand. Die Ladiner haben denn auch seit alters her einen besonders poetischen und melodischen Namen für das Erröten der steinernen Wände – sie nennen es *enrosadüra*.

Alpinismus
Von selber wären die Dolomitenbewohner wahrscheinlich nicht so schnell auf die Idee gekommen, die gefährlichen Brocken über ihren Häuptern zu erklimmen. Als ihnen die ausländischen Maniacs für einen Gipfelsturm ein Bergführerhonorar zahlten, von dem sie sich eine leibhaftige Kuh kaufen konnten, haben es sich waghalsige Burschen anders überlegt. Unter den einheimischen Erstbesteigern haben sich vor allem die Sextner Michael und Sepp Innerkofler hervorgetan. Der englische Reiseschriftsteller John Ball hat den Monte Pelmo als erster bezwungen, der Österreicher Paul Grohmann nahm sich mit Erfolg die Premiere auf allen Dreitausendern von Ampezzo, auf der Marmolada und dem Langkofel vor.

Autonomie
In den Friedensverhandlungen nach dem Ersten Weltkrieg haben die Alliierten das bis dahin österreichische Südtirol dem Königreich Italien zugesprochen. Danach haben die Südtiroler deutscher und ladinischer Muttersprache fünfzig Jahre lang um Minderheitenschutz und Selbstverwaltung kämpfen müssen. Erst das 1969 geschnürte »Südtirol-Paket« hat die Provinz Bozen durch eine eigene Gesetzgebung und Verwaltung vom sonst sehr zentralistisch gelenkten italienischen Staat weitgehend unabhängig gemacht. So kann die Landesregierung außer kulturellen und sprachlichen Fragen beispielsweise auch den Landschafts- und

Geisler, Grödner Tal

Naturschutz, das Kindergarten- und Schulwesen, den Wohn- und Straßenbau selbständig regeln. Der aus Trient gebürtige Außenminister Alcide Degasperi hat als italienischer Verhandlungsführer nach dem Zweiten Weltkrieg die Autonomie auch für das Trentino ausgehandelt.

Bergradeln
Sie strampeln sich ab auf Asphalt und auf Waldpfaden, sie sind mit Renn- oder Geländerädern unterwegs und liegen damit voll im Trend. Für die Bergradler aller Disziplinen gibt's mittlerweile Aberhunderte Routen und Ziele. Kultcharakter haben die jährlichen Rennen für Tausende Sportler und ihr passioniertes Publikum. Die Highlights: für Rennradler und Fans der Internationale Dolomitenmarathon über sieben Pässe und 175 Kilometer mit Start in Corvara Anfang Juli, für Mountainbiker das Rampilonga-Rennen in Moena am zweiten Sonntag im September.

Dolomitenfront
Während des Ersten Weltkriegs, zwischen 1915 und 1917, haben sich Österreich und Italien in den Dolomiten einen erbitterten Stellungskampf geliefert. Noch heute begegnet man in den ehemaligen Frontgebieten den traurigen Relikten des Krieges. Als Mahnmal für die Nachwelt dient der »Friedensweg«, die *Via della pace* durch die einstigen Frontgebiete.

Dolomitenklänge
Die Felsen zum Klingen bringen – dieses Kunststück schaffen nur die Trentiner. Jeden Juli und August laden sie prominente Musiker und ihr Publikum zweimal pro Woche zum Konzert in die Bergarena. Zu den Spielstätten auf Almen oder Gipfeln kommen alle zu Fuß, auch die Künstler. Das stärkt den Dreiklang Mensch, Natur, Kultur. Und die Begeisterung: Was vor wenigen Jahren als Experiment begonnen hat, ist bereits Institution. Spielpläne für die Saison gibt's in Trient bei der APT.

Dolomiti Superski
Zum Skiverbund der Superlative gehören etwas mehr als zwanzig Jahre nach der Gründung zwölf Skizentren im gesamten Gebiet. Der einheitliche Skipaß garantiert nicht nur täglich wechselndes Fahrvergnügen in ständig changierender Landschaft, sondern auch 1180 Kilometer bestens gepflegter und präparierter Pisten mit zusammen 464 modernen Aufstiegshilfen. Die Organisation hat sich überdies unter dem Stichwort *Nature on Ski* selbst dazu verpflichtet, das Pistenterrain ökologisch zu behandeln, was beispielsweise bedeuten kann: Die Seilbahngesellschaften lassen sommers Rinder auf den Abfahrten weiden.

Edelweiß & Co.
Grämen Sie sich nicht darüber, daß das vielbesungene Blümelein nebst Retortenenzian und Bonsaialpenrose bald jeden Vorstadt-Steingarten ziert. Die Flora der Dolomiten ist und bleibt eine Rarität. Zu ihren Besonderheiten gehören nicht nur seltene Blütenschönheiten wie die Alpenanemone oder die Akelei, der Frauenschuh oder die Feuerlilie, der Türkenbund und die Teufelskralle, sondern auch Gesamt-

STICHWORTE

kunstwerke wie die bodenfestigende Schutt- und Felsvegetation mit Rhaetischem Mohn und Dolomiten-Fingerkraut. Interessierten Laien geben die Publikationen der Naturparkämter einen guten Überblick. Die Pflanzen der Dolomiten sind übrigens auch außerhalb der Naturparkzonen streng geschützt.

Große Dolomitenstraße

Eigentlich sollte die heute berühmteste und befahrenste Panoramastrecke durch die Dolomiten ein Geschenk der Bewohner zum fünfzigjährigen Regierungsjubiläum ihres Kaisers Franz Joseph sein: Sie wollten ihrem greisen Monarchen die Berge buchstäblich zu Füßen legen. Doch das Terrain hatte seine Tücken, und so war das imposante Geschenk erst Anno 1909 zum 60. Jubeljahr fertig. Die Strecke führt von Bozen über das Eggental, das Fassatal und das Livinallongo nach Cortina d'Ampezzo und weiter zum Misurinasee. Während des Ersten Weltkriegs ist die prächtige Panoramastraße vorübergehend zur Frontstrecke mutiert.

Hauptsaison

Heikle Sache. Einerseits können die meisten eben nur während der Schulferien weg. Andererseits mag keiner die Staus auf Straßen und an allen Kassen. Einiges können Sie selbst vermeiden. Zum Beispiel überflüssige Autofahrten. Im Winter gibt es fast in jedem größeren Skigebiet kostenlose Skibusse. Und im Sommer wollten Sie doch eh wandern, oder? Wochenendreisen oder spontane Rundreisen sollten Sie schon aus Kostengründen auf Frühling und Herbst verlegen. Auffallend viele Dolomitenhotels – egal in welcher Kategorie – verlangen dann pro Übernachtung nur die Hälfte.

Hexen

Die alten Sagen erzählen mit einer Mischung aus Angst und Ehrfurcht von den Hexen und *strias,* den zauberkundigen Wald- und Wasserfrauen. Im Mittelalter hat sich der Haß auf alle irgendwie undurchsichtigen Weibspersonen in den Dolomiten heftig entladen. Berüchtigt waren die Hexenrichter von Cavalese, dort mußten gleich dreizehn Frauen auf die Folterbank. Ob die jährliche Fleimstaler Inszenierung eines Hexenprozesses als Schauspiel der Wahrheitsfindung über dieses grausige Kapitel der Geschichte dient, sei dahingestellt.

Höhenwege

Auf mittlerweile acht eigens markierten Strecken können konditionsstarke Bergwanderer in mehrtägiger Wanderung von Schutzhaus zu Schutzhaus Teilabschnitte der Dolomiten unter die Sohlen nehmen. Die älteste Route ist die *Classica* vom Pragser Wildsee nach Belluno, die *Sagenroute* führt von Brixen nach Feltre. Innichen und Pieve di Cadore sind über den *Grohmann-Weg* verbunden. Es empfiehlt sich, vor Aufbruch in den Schutzhütten Quartier zu bestellen.

Ladiner

Heute leben die Ladiner nur mehr in den fünf Dolomitentälern Gröden, Gadertal, Ampezzo, Buchenstein und Fassa. Ihre Sprache ist vermutlich entstanden, als die Urbevölkerung der Räter das Latein der neuen römischen Landesherren in ihren Wortschatz integrierte. Die Römer sind im 5. Jh. aus dem Alpenraum verschwunden, die *Rätoromanen* sind geblieben. In Südtirol profitieren die Ladiner von der Autonomie, die ihre sprachlichen und sonstigen kulturellen Besonderheiten schützt. In den Provinzen Belluno und Trient gibt es nur minimale Sonderbestimmungen für die Ladiner. Jahrzehntelang ist denn auch ihr Anteil an der Bevölkerung still und leise geschwunden. Dann hat es so etwas wie eine Renaissance des Ladinertums gegeben; die Organisationen der Ladiner kämpfen seither verstärkt und auf eigene Faust für die Erhaltung ihres kulturellen Erbes. Wunschziel ist der Zusammenschluß des jetzt dreigeteilten ladinischen Gebiets.

Magnifica Comunità

Fleimstaler Name für ein mehr als tausend Jahre altes und teilweise noch heute gültiges Selbstverwaltungsmodell der Ladiner. In der Praxis so etwas wie ein Pendant zum Eigensinn der Tiroler, die dem Kaiser in Wien für ihre gefürstete Grafschaft allerlei Sonderrechte und Privilegien abgetrotzt haben. Die Comunità der ladinischen Täler, in manchen Orten heißen sie auch Regoles, haben ihren Herren gegenüber ebenfalls auf Privilegien bestanden, sind aber noch einen Schritt weiter gegangen als die eigenbrötlerischen Tiroler: Statt ums Gatterl am Grenzzaun zu streiten, haben sie Wälder und Wiesen zum Gemeinschaftsbesitz mit klar geregelten Nutzungsrechten gemacht. So konnten sie höhere Gewinne erwirtschaften und damit gemeinsam Einrichtungen fürs ganze Dorf schaffen.

Naturparks

Die drei Dolomitenprovinzen haben im Lauf der letzten Jahrzehnte weite Teile des Gebirges zu Reservaten oder Naturparks erklärt. Die eifrigsten Naturschützer waren die Südtiroler, die mit den Naturparks *Sextner Dolomiten, Fanes-Sennes-Prags, Puez-Geisler* und *Schlern* fast ihren gesamten Dolomitenbereich unter Schutz gestellt haben. Im Trentino gibt es zwei Parks, den *Adamello-Brenta* und den *Paneveggio-Pale di San Martino,* in der Provinz Belluno sind sieben Gebiete in den Dolomiten und ihrer unmittelbaren Nachbarschaft Naturreservate. Die Schutzmaßnahmen sorgen für ein möglichst schonendes Miteinander von Mensch und Umwelt. Land- und Forstwirtschaft, auch Wandern und Bergsteigen sind in diesen Zonen erlaubt. Die Besucher müssen sich allerdings an strenge Regeln halten, deren Befolgung Angestellte der Landesforstbehörden kontrollieren.

»Programmierter« Schnee

Einer von vielen technisch anmutenden Begriffen, die das anrüchige Wort Kunstschnee verdrängen sollen. Wie immer man die weiße Pracht aus den Kanonen auch nennen mag: Ohne Nachhilfe für Frau Holle hätten die Skiarenen der Dolomiten längst zugesperrt werden müssen, denn die Niederschläge an der Alpensüdseite waren in den letzten Jahrzehnten oft extrem gering. Allen Gerüchten zum Trotz beschneien die Orte ihre Pisten mit reinem Wasser und unter wissenschaftlicher Kontrolle und Anleitung.

STICHWORTE

Über 1000 Kilometer Pisten gibt's im größten Wintersportrevier

Pubs

Mehr als nur ein Szenetrend: Die Jugend schlägt sich die Nächte lieber in Pubs als in der Disko um die Ohren. Die kleinen Lokale schießen denn auch überall wie Pilze aus dem Boden. Sie seien gemütlicher als die riesigen Musikschuppen, meinen die Youngsters. Billiger sind Pubs allemal: kein Eintritt, preiswerte Getränke und trotzdem Musik oder Live-Auftritte von Gruppen bis ein oder zwei Uhr früh.

Sport, alternativ

Die Bergfexe und Skihasen vom alten Schlag haben jede Menge jungdynamische Konkurrenz. Zu den Kanus auf den Wildbächen gesellen sich neuerdings auch ausgefallenere Fahrzeuge, »Hydrospeeds« und Rafting-Schlauchboote. Mehrere Spezialveranstalter – die Adressen erfahren Sie bei den Verkehrsämtern – organisieren abenteuerliche Exkursionen wie Flußklettern, River Trekking, Rafting und Kajaktouren. In vielen größeren Ferienzentren gibt es Flugschulen mit Unterricht im Drachenfliegen und Gleitschirmspringen oder auch Segelfliegen. Natürlich gibt es auch Neuerungen für Wandersleute. Fast jede Gemeinde hat mittlerweile geführte Familienwanderungen, Bergwochen für Kinder, Ausflüge zu Bergbauernhöfen und Almen oder Kräuterwanderungen im Programm. Und im Winter? Nachdem sich die Nostalgiker mit dem Telemarkschwung nicht behaupten konnten, haben die Snowboarder neue Akzente gesetzt.

Sport, klassisch

Wer die bergsteigerischen Disziplinen von der Pike auf oder von Kindesbeinen an nach allen Regeln der Kunst lernen will, der ist am besten bei einer der Alpinschulen aufgehoben. Sie geben Unterricht in den Disziplinen Felsklettern, Firnskifahren, Tourengehen oder Gletscherwandern. Womit wir beim Schneevergnügen angekommen wären: Die Dolomiten sind das größte Wintersportrevier im ganzen Alpenbogen. Zu den weit über tausend Kilometer Alpinskipisten kommen eine kaum überschaubare Vielfalt an Loipen und Rodelbahnen, für Könner ein weitläufiges Skitouren-Terrain. Die vielen Veranstaltungsorte internationaler Sportwettbewerbe bieten häufig preiswerte Pauschalen für Schaulustige. Übrigens gibt es in den Dolomiten, die im Gegensatz zu den Alpen fast keine Gletscher haben, doch ein attraktives Sommerskigebiet: die Pisten auf der Marmolada, dem höchsten Gipfel des gesamten Bergmassivs.

Steine

Als Ablagerungen des Meeres sind die Dolomiten reich an Fossilien. Die Reste und Spuren von bis zu 250 Millionen Jahre alten Lebewesen finden sich in allen Schichten des Gesteins. Schnecken und Muscheln, Schwämme und Korallen, Ammoniten und Belemniten, Seelilien, Seesterne und Stachelhäuter sind die wichtigsten Versteinerungsformen. Dazu kommen Pflanzenfossilien und einige sogenannte Pseudofossilien wie die Dendriten, das sind bäumchenartige Figuren aus Eisen- oder Manganoxiden oder Sandsteinkonkretionen wie die sogenannten Travenanzes-Puppen, phantastische kugel- oder keulenförmige Gebilde aus einer Höhle im oberen Travenanzestal. In allen drei Dolomitenprovinzen ist das Sammeln von Fossilien durch Fossilienschutzgesetze geregelt. Mineralien und Fossilien dürfen nur mit einer Genehmigung der Landschaftsschutzbehörden abgebaut werden, eine solche befristete Erlaubnis bekommen meistens nur Mitglieder von Mineraliensammlervereinen oder Wissenschaftler. Die Museen von Agordo, Auronzo und Predazzo zeigen Mineraliensammlungen.

Tabià

Was den Südtirolern ihre Heuschupfen, das sind den Trentinern und Bellunesern ihre *tabià* oder *tablè*. Kanthölzer, Rundhölzer, Längs- oder Querstreben, Gitter- und Laubsägewerk – die alten Zimmerleute haben ihr ganzes Repertoire und reichlich Phantasie darangesetzt, der kostbaren Ernte und dem lieben Vieh eine ansehnliche Behausung zu schaffen. Die Muster und Formen variieren von Tal zu Tal – die allerschönsten haben sich die Bewohner des Valle di Zoldo einfallen lassen.

Tierwelt

Wo Fuchs und Hase sich gute Nacht sagen in den Dolomiten, da haben es auch ganz seltene und besonders scheue Tiere schön ruhig. Die Braunbären haben in der Brentagruppe ein geschütztes Zuhause, die Murmeltiere auf den Almen von Fanes, Sennes oder Nemes. In den Ampezzaner Dolomiten konnte das Steinwild wieder eingebürgert werden. Rotwild und Gemsen fühlen sich überall in

STICHWORTE

Wenn Sie in den Bergen plötzlich einen Pfiff hören, könnte er von einem Murmeltier stammen, das Gefahr wittert

den Dolomiten heimisch. Weit verbreitet sind Hermeline, Mauswiesel, Schneehasen und Schneemäuse. Könige der Lüfte sind die Steinadler. Zu den markanten geflügelten Dolomitenbewohnern gehören außerdem Alpendohlen und Kolkraben, Birk- und Auerwild, Bussarde, Habichte, Schneehühner oder Haselhühner. Seltener kommen Käuze und Uhus vor. Bach- und Regenbogenforellen und Bachsaiblinge herrschen in allen Gewässern vor.

Umweltschutz

Studiert man nur die Ortsprospekte, stellt sich allzuleicht der Eindruck ein, die Dolomiten seien ein überdimensionales Sportgerät voll von Seilen und Haken, Drähten und Kabeln, Liften und Gondeln. Der Schein trügt. Beispielsweise sind nur 0,6 Prozent des gesamten Terrains als Pisten erschlossen. Von den Pisten wiederum werden mehr als 45 Prozent als Almen und rund 36 Prozent als Heuwiesen kultiviert. Auf einen sorgsamen Umgang mit der Natur wird auch außerhalb der Naturparks immer mehr geachtet. Die Seilbahngesellschaften setzen sich ziemlich strenge Maßstäbe. Die Gemeinden machen deutliche Fortschritte bei der Errichtung oder Sanierung der Abwässerreinigungssysteme. In Südtirol haben die Gastwirte und Hoteliers 1995 eine Aktion »Umweltsiegel« gestartet, das ökologisch vorbildlich geführten Betrieben verliehen wird. Zum Mitmachen aufgefordert sind natürlich auch die Gäste – sei es bei den vielen naturnahen Angeboten der Dolomitendörfer, sei es beim Müllvermeiden oder beim Verzicht aufs Autofahren.

Zweisprachigkeit

Eine der wichtigsten Südtiroler Autonomieregeln ist der »Sprachgruppenproporz«. Alle zehn Jahre muß sich die Bevölkerung in einer Volkszählung einer der drei Landessprachen zuordnen – 1991 haben sich fast 68 Prozent bei der deutschen, rund 27 Prozent bei der italienischen und etwas mehr als vier Prozent bei der ladinischen Sprachgruppe eingetragen. Alle Stellen im öffentlichen Dienst und alle Sozialwohnungen werden akribisch nach diesem Bevölkerungsschlüssel vergeben. Putzfrau und Postbote, Chefarzt und Lehrer müssen ausnahmslos eine Prüfung ablegen als Nachweis, daß sie sowohl die deutsche als auch die italienische Sprache beherrschen.

ESSEN & TRINKEN

Nockerln oder Gnocchi?

Mal bäuerlich, mal raffiniert präsentiert sich die Kunst der Dolomitenbewohner, dem Teig hunderterlei Formen und Geschmäcker zu geben

Die italienische Küche ist bekanntlich eine Küche der Regionen. So besehen, dreht sich in den Dolomiten ein kulinarisches Karussell: Auf kleinem Raum findet man die Spezialitäten von gleich drei Kochtraditionen und – sozusagen als Zugabe aus den milderen Randgebieten – auch immer die jeweils passenden Tropfen dazu. Ein analytischer Blick in die Kochtöpfe von Belluno, Südtirol und Trentino zeigt freilich auch: Grundsätzlich haben alle drei Landstriche eine Menge gemeinsam. Zum Beispiel die bis heute lebendigen Einflüsse aus dem alten k. u. k. Österreich. Ihnen ist etwa die unüberschaubare Vielfalt an Torten, Mehlspeisen und Strudeln aller Art zu verdanken. Auch die althergebrachten bäuerlichen Verköstigungsprinzipien ähneln sich und spiegeln sich in einer Fülle von Gerichten wider: Einfach, preiswert, aber herz- und nahrhaft mußte die Verpflegung für die körperlich schwer arbeitenden Bergbewohner allenthalben sein, die Ingredienzen sollten obendrein noch möglichst vom eigenen Acker oder aus dem eigenen Stall kommen. In den letzten Jahrzehnten hat eine neue Generation von Gastronomen die Bodenständigkeit und Schwere dieser Gebirgskost geschickt den veränderten modernen Eßgewohnheiten angepaßt – hauptsächlich durch die Integration der eleganten, raffinierten Kochkünste aus den südlicheren Gefilden mit ihrer viel üppigeren Kräuter-, Gemüse- und Obstauswahl. Das gilt ganz besonders für die Südtiroler Küche, die sich lange Zeit allzu willfährig auf einen undefinierbaren Durchschnittsgeschmack eingestellt hatte.

Es ist also ziemlich Wurst, ob Sie Ihre Ferien im Fassatal verbringen, im Gadertal oder in Madonna di Campiglio. Denn wo immer Sie auch Station machen, eines steht fest: Überall fängt eine anständige Mahlzeit mit herzhaften Würsten, Speck oder Schinken als Vorspeise *(antipasto)* an. Das sind natürlich auch die klassischen Grundzutaten der Brettljause. Aber was heißt schon Wurst? Jedes Tal, jedes Dorf, ja jeder Bauer oder Metzgermeister zwischen

Frische Butter gefällig?

der Brentagruppe und den Drei Zinnen füllt die Därme auf eigene althergebrachte und meist recht geheime Art, räuchert Schwein, Lamm, Rind und Wild mit speziellen Hölzern und Kräutern. *Bresaola, lucanica, cotechino* oder *Kaminwurzen* heißen die Köstlichkeiten aus den Räucherkammern.

Die eigentlichen Vorspeisen, die *primi piatti,* sind Suppe, Nudeln, Reis, Teigtaschen, Knödel und Nockerln. Wie phantasievoll diese Grundformen variiert werden, kann man schon daran ermessen, daß es allein in Südtirol fast vierzig Variationen von Knödeln gibt. Dazu kommen Kas-, Spinat- oder Lebernockerln, gar nicht zu reden von den *gnocchi* der Nachbarregionen: *gnocchi di zucca* (Kürbis) aus dem Cadore, *popacei* (in Milch gekochte Mais- oder Gerstenklößchen) aus dem Trentino. Die Teigtaschen werden dort mit Marmelade und Mohn gefüllt *(ciaroncie),* in den Belluneser Bergen mit Schinken und Kürbis oder Spinat *(casonziei),* in Südtirol mit Topfen und Spinat (Schlutzkrapfen). Ein Kapitel für sich ist die *polenta,* ein Brei aus weißlichem oder gelbem, grob oder fein gekörntem Maisgrieß. Polenta gibt es in den Dolomiten als Vor-, als Haupt- oder als Zuspeise zu gegrillten Würsten, zu Pilzpfannen oder zu Wild.

Womit wir bei einem Protagonisten der Hauptspeisen wären: Hirsch, Gemse, Reh und Hase aus den Dolomiten kommen allenthalben als Braten, Steaks, Gulasch oder als Grillteller auf den Tisch. Weil die Arten der Zubereitung unüberschaubar sind, konsultiert man im Restaurant besser die Kellner als die Speisekarte, um die hauseigenen Spezialitäten zu identifizieren. Denn gute Lokale variieren ihre Hauptgerichte nicht selten sogar täglich – je nachdem, was gerade frisch auf dem Markt zu haben ist. Die Beilagen *(contorni)* muß man meistens eigens zum Hauptgang bestellen – und bezahlen. Die Qual der Wahl stellt sich spätestens beim Dessert ein. Denn zu den vielen Süßspeisen und *gelati* – das beste Eis Italiens machen übrigens die Eisdielen der Valle di Zoldo – gesellt sich eine Käsepalette, die ihresgleichen sucht. Ähnlich wie bei den Würsten haben jede Molkereigenossenschaft und jeder Bauer ihre eigenen Kreationen. In Ihrem Urlaubsort sollten Sie nach den lokalen Spezialitätenwochen fragen. Deren Protagonisten sind beispielsweise Äpfel und Kirschen, Kartoffeln und Knödel oder Spargel und Löwenzahn.

Gut sortierte Restaurants kredenzen zu den Mahlzeiten Weine aus allen namhaften Weinbaugebieten Italiens. Trotzdem ist es ratsam, sich an die Sorten aus den nächstgelegenen Weingütern im Etschtal, im Eisacktal und im Piavetal zu halten, sie lassen sich am besten auf die markante Regionalküche abstimmen. Südtirol und das Trentino haben mittlerweile unter allen Weinbaugegenden Italiens den höchsten Anteil an DOC-Weinen. Das Herkunfts- und Gütesiegel *denominazione di origine controllata* hält längst, was es noch in den siebziger Jahren meist nur versprochen hat. Südtirol beispielsweise, wo Kalterersee durch hemmungslose Massenproduktion beinah schon zum Schimpfwort geworden war, schützt und überwacht heute streng Anbau, Erzeugung und

ESSEN & TRINKEN

Vermarktung. Eine Vielzahl von engagierten Winzern und Kellereigenossenschaften baut ausgezeichnete Vernatschweine, Blauburgunder, Lagrein, Merlot und Cabernet an. Die roten Reben liefern zwar noch immer für rund 70 Prozent der Produktion den Saft. Aber die Weißweine sind auf dem Vormarsch. Weißburgunder, Gewürztraminer, Sauvignon und ein besonders fruchtiger Chardonnay sind die wichtigsten Sorten. Köstlichkeiten aus Kellern und Küchen kann man neuerdings auch beim »Weinritt« probieren, das sind Tagesausflüge, die der Tourismusverband »Der Süden Südtirols« *(39010 Frangart, Tel. 04 71 63 34 88, Fax 04 71 63 33 67)* zu den wichtigsten Weindörfern des Etschtals organisiert. In edlem Wettstreit mit den Südtiroler Winzern stehen die des Trentino, die ebenfalls im Etschtal und an dessen Flanken ihre wichtigsten Anbaugebiete haben. Der spritzige Rote Marzemino, den Mozart in seinem Don Giovanni verewigt hat, gehört zu den Vorzeigeweinen von San Michele und Mezzocorona. Nur in der Ebene Campo Rotaliano, nördlich von Trento, gedeiht der Teroldego Rotaliano, ein Rotwein mit wenig Gerbstoffen und reicher Substanz. Unter den Weißweinen zeichnet sich der elegante Pinot Grigio aus. Aus dem Piavetal kommen exzellente Rote wie Merlot und Cabernet und das neue Kultgetränk, der Prosecco. Obst, Beeren, Bergkräuter und -pflanzen bilden die Basis für die stärkeren Kaliber, für den *zenever*, den Wacholderaquavit aus Alleghe, für den Enzian aus dem Gadertal und für Südtiroler Himbeergeist.

Getafelt wird in den Dolomiten auf italienische Art: mittags und abends eher ein bis zwei Stunden später, als es im deutschen Kulturraum üblich ist, mit Vor-, Haupt- und Nachspeise in kleineren Portionen anstelle eines einzigen reichlich bemessenen Hauptgerichts, mit einem *aperitivo* am Anfang und einem *caffè* am Schluß, einem kleinen Schwarzen, dessen Wirkung sich durch eine *grappa* oder einen *digestivo* noch verstärken läßt. *All'italiana* ist übrigens auch die Gastfreundschaft, die Kindern entgegengebracht wird.

In traditionellen Wirts- und Gasthäusern bekommt man meistens ganztägig Imbisse und kleine warme Gerichte. Restaurants sind gewöhnlich zwischen 11 und 14 Uhr oder zwischen 12 und 15 Uhr geöffnet, abends von 19 oder 20 Uhr an. Die Sperrstunden variieren – bis 22 Uhr bekommen Sie fast in allen Lokalen etwas Warmes. In der Hauptsaison gibt es kaum ein Lokal, das einen Ruhetag hat. In der Nebensaison ist das dagegen durchaus üblich.

Natürlich gibt es Ausnahmen von diesen klassischen Tischsitten. Auf ein Gericht beschränken kann man sich als Gast in den Schutzhütten, aber auch in einfacheren Lokalen wie in der *trattoria* oder der *rosticceria*, in Imbißstuben, Landgasthäusern oder in der *enoteca*, dem Weinprobelokal, das häufig auch eine kleine Speisenauswahl bietet. In den Südtiroler Dolomiten servieren die Lokale abends auch schon ab 18 Uhr, und der im italienischen Sprachraum verbreitete Obolus von 3000 bis 6000 Lire *coperto* pro Gedeck wird meist nur in gehobeneren Restaurants kassiert.

EINKAUFEN & SOUVENIRS

Abschied vom Wurzelsepp

Edle Tropfen, rustikale Leckerbissen und Kunsthandwerk aus Traditionshäusern sind die Alternativen zur alpenländischen Kitschparade

Jeder kennt sie, die Spazierstöcke mit Blechwappen, die Kuhglocken in allen Größen, die Schneeschüttler mit eingebautem Alpenglühen, die Wurzelmännchen und Trachtenpüppchen. Aber nicht jeder mag sie, die Kitschparade aus den Dolomiten. Sie ist vollkommen identisch mit den Trophäen, die Souvenirjäger auch auf Safari in Österreich, im Allgäu oder in der Schweiz ergattern können. Wer etwas wirklich Typisches oder Leckeres zum Verschenken und zur Erinnerung sucht, der findet es auch – er muß sich nur ein bißchen mehr Zeit nehmen, manchmal ungewöhnliche Wege jenseits der touristischen Flaniermeilen beschreiten und, es soll nicht verschwiegen sein, ein wenig tiefer ins Portemonnaie greifen.

Fangen wir beim Elementaren an, den *alimentari,* dem reichen Lebensmittelsortiment. Käseliebhaber auf der Suche nach Kostproben für zu Hause sollten sich von den fabrikähnlichen Kolossalbauten mancher Molkereigenossenschaften in den größeren Zentren nicht abschrecken lassen. Jede Molkerei führt auch einen Detailverkauf – mit der größten Auswahl an lokalen Leibspeisen, die man sich nur wünschen kann.

Weil sie meist geräuchert und daher lange haltbar sind, eignen sich auch die meisten Schinken, Würste und Speckseiten aus den Dolomiten als Mitbringsel. Hier heißt die richtige Salamitaktik: Auf Wochenmärkten oder in der örtlichen *macelleria* einkaufen. Die Metzger und Marktfrauen sind großzügig und geduldig, wenn es um Kostproben geht – schließlich ist jeder stolz auf sein unverwechselbares Rezept. Südtiroler Speck aus den großen Selchereien ist nicht unbedingt von vornherein schlecht. Man muß ihn allerdings auf jeden Fall vorher probieren, denn er kann zwei Defizite haben, zu salzig oder zu weich sein.

Einheimischen Käse und Wurst in großer Auswahl, außerdem getrocknete oder eingelegte Pilze, Honig und hausgemachte Marmeladen finden Sie überall

Holzschnitzarbeiten gehören zu den typischen Erzeugnissen

auch in guten Feinkost- und Lebensmittelgeschäften. Selbstversorger, die in Ferienwohnungen Quartier bezogen haben, sollten sich dort in jedem Fall erkundigen, ob es an bestimmten Tagen auch frische hausgemachte Teigwaren, Knödel oder *gnocchi* zu kaufen gibt. Diese Vorspeisen eignen sich zwar weniger zum Transport, lassen sich aber an Ort und Stelle problemlos und schnell zu einer guten Mahlzeit verarbeiten. Nur keine Angst – die Verkäuferinnen rücken gern ihre Rezepte heraus.

Zum Reinbeißen verlocken auch die Früchte des Eisacktals und des Etschtals in Südtirol und im Trentino, die gemeinsam zu den wichtigsten Obstanbaugebieten Europas gehören. Äpfel und Birnen sind die verbreitetsten Sorten, in kleineren Mengen werden auch Kiwi und Kaki, Kastanien, Nüsse, Pfirsiche, Pflaumen und Aprikosen kultiviert. Feilgehalten wird die einheimische Produktion an Straßenständen und auf Wochenmärkten, auf dem malerischen Bozner Obstmarkt oder bei den Erzeugergenossenschaften, die ihre Ware auch en détail anbieten.

Die größten Experten für Obst in flüssiger Form sind die Obst- und Weinbauern selbst, die meist ein bißchen mehr als nur für den Hausgebrauch destillieren. Erkundigen Sie sich am besten bei den Einheimischen nach diesen halbgeheimen Quellen. Offiziell können Sie sich bei den Schnapsbrennereien im Etschtal, zum Beispiel in Tramin oder in Neumarkt, mit beliebigen Mengen versorgen.

Alle, die ausziehen, um sich mit Wein oder Spirituosen einzudecken, sollten sich beim Probieren natürlich in Zurückhaltung üben. Denn die Weinprobe verwandelt sich oft allzuschnell in ein so fröhliches Gelage, daß die Quantität den Sinn für Qualität betäubt. Die *enoteca* gehört zu den gefährlichen Plätzen. Diese typisch italienische Kombination von Geschäft, Ausschank und Imbiß hat sich längst überall in den Dolomiten eingebürgert und ist meist ein beliebter Treffpunkt der Einheimischen nach Feierabend. In der *enoteca* kann man glasweise und selbstverständlich gegen Bezahlung die verschiedenen Weine testen. Danach kann man sie flaschenweise kaufen – aber es gibt keinen Kaufzwang.

Das gilt auch für die vielen privaten und genossenschaftlichen Kellereien in den Weinbaugebieten der drei Provinzen, bei denen man sich am preiswertesten mit Qualitätstropfen eindecken kann. Viele Winzer verkaufen nicht nur ab Hof, sie bieten auch Besichtigungen, Führungen und Weinproben an – außer in der Zeit der Weinlese zwischen Mitte September und Mitte Oktober. Doch gleichgültig, ob man kaufen oder bloß zechen möchte, mit privaten Weingütern und Kellereien ist auf jeden Fall eine telefonische Terminvereinbarung angebracht. Die Kellereigenossenschaften bieten ihre Weine meist zu den üblichen Geschäftszeiten an. Die sind in den drei Provinzen und oft sogar von Ort zu Ort recht unterschiedlich. Morgens gehen die Rolläden montags bis freitags zwischen 8.30 und 9 Uhr hoch bis um 12 oder 13 Uhr. Nachmittags sind die Geschäfte von 15 Uhr oder 15.30 Uhr bis 19 oder 19.30 Uhr

EINKAUFEN & SOUVENIRS

offen. Samstags sind viele Geschäfte nachmittags geschlossen – außer in der Hauptsaison oder vor Feiertagen. Zur Hauptreisezeit sind manche Geschäfte auch am Sonntag geöffnet oder länger in die Abendstunden hinein. Die individuellen Regelungen erfahren Sie vor Ort, auch die Termine für die Wochenmärkte, die in allen kleinen und großen Dolomitendörfern üblich sind.

Trient und Feltre, Belluno und Bozen als die größten Städte im Dunstkreis der Dolomiten bieten Einkaufsbummlern selbstverständlich die gesamte Palette der italienischen Warenwelt, edle Klamotten von Armani, Versace und Konsorten, Schuhe und Taschen von Ferragamo, Pollini und anderen Edelschustern, Designermöbel, Antiquitäten, Silber und Schmuck. Solche italienischen Luxuswaren sind erfahrungsgemäß bis zu 30 Prozent billiger als im Ausland.

Aus den Dolomiten selbst kommt modisch gesehen eher Bodenständiges. In Bruneck gibt es eine Fabrik, die Wolle und Loden herstellt und auch Konfektion aus den hauseigenen Garnen. Lederhosen kann man sich in Brixen maßschneidern lassen. Trachten, Janker oder rustikale, wetterfeste Sportbekleidung findet man außer in Bozen auch in beinah jeder Boutique in den größeren Touristenzentren der Trentiner und der Belluneser Dolomiten. Auch für den Wäscheschrank findet man in einheimischen Webereien eine reiche Auswahl an handgewebten Tischdecken, Handtüchern, Servietten oder Zierdecken. Das schönste Material dafür ist das traditionelle Leinen.

Handwerk und Kunsthandwerk haben in vortouristischer Zeit das Einkommen der Bauern verbessert, beinah jedes Tal hatte sich auf eigene Fertigkeiten spezialisiert, und noch heute sind viele dieser Traditionen lebendig. Den besten Überblick bekommen Sie in einer der heimischen Werkstätten, die jeweils ausgesuchte, geschmackvolle Stücke aus den verschiedenen Zweigen des Kunsthandwerks eines größeren Gebiets zur Schau und zum Verkauf stellen. Solche Geschäfte gibt es beispielsweise in Bozen, in Cortina, in Feltre oder in Belluno. Typisch für die Belluneser Dolomiten sind Schmiedeeisenarbeiten, Korbflechtereien, Silberfiligran, Brillen und Möbel. Im Trentiner Fleimstal sind die Handwerker auf Orgeln, Klaviere und Harmonien spezialisiert. Holzschnitzer gibt es beinah in jedem Dolomitental, aber die aus Gröden haben weltweit den größten Bekanntheitsgrad mit ihren naturbelassenen oder bemalten Engeln und Madonnen, mit Christkindln und Krippenfiguren, mit profanem Spielzeug oder Tierfiguren. Nur die handgeschnitzten Stücke tragen das Gütesiegel, alles andere wird von Schnitzmaschinen hergestellt. Qualität ist in der überbordenden Fülle nur auszumachen, wenn man sich selber geduldig in den Schnitzwerkstätten oder Läden von St. Ulrich, St. Christina oder Wolkenstein umschaut. Keramiker und Glasbläser, Drechsler und Weber sind in Südtirol besonders zahlreich vertreten. Auch für ihre Kreationen gilt: Klassisches und Modernes, Kitsch und Kunst existieren friedlich nebeneinander.

DOLOMITEN-KALENDER

Spektakuläre Verhüllungen

*Masken, Trachten, historische Gewänder –
bunt und voller Phantasie ist der Kostümfundus auch
für die Feste vor und nach dem Karneval*

Die Leute aus den Dolomiten feiern seit alters her gern. Die traditionellen kirchlichen und bäuerlichen Feste haben durch den Fremdenverkehr eine beinah unüberschaubare Konkurrenz von sommerlichen und winterlichen Belustigungen und Erbaulichkeiten bekommen. Dazu kommen zu jeder Jahreszeit auch sportliche Konkurrenzen für klassische und exotische alpine Disziplinen. Für alle drei Dolomitenregionen gilt: Der Namenstag des Kirchenpatrons wird in jedem Dorf mit einem *Kirchweihfest* begangen. Im Winter bilden überall die *Faschingswochen* den festlichen Höhepunkt, im Sommer der Monat August mit einer Fülle von *Wald-, Wiesen-, Berg- und Stadtfesten.* Die Höfe und Säle der vielen Burgen Südtirols und des Trentino sind zwischen Juni und September auch Schauplatz zahlreicher Veranstaltungen aus den Bereichen Kunst, Literatur, Theater, Tanz und Musik: *Musicastello* in Südtirol, *Se in Trentino d'estate un castello* in rund zwanzig Schlössern des Trentino. Eine Besonderheit in den Südtiroler Dolomiten sind die vielen *Bergfeuer* und *Prozessionen,* mit denen um den 20. Juni der *Herz-Jesu-Sonntag* gefeiert wird. Ebenfalls in Südtirol wird je nach Witterung zwischen Ende September und Mitte Oktober in manchen Bergdörfern der *Almabtrieb* besonders festlich in Szene gesetzt. Die Termine für alle lokalen Veranstaltungen sind bei den örtlichen Verkehrsämtern zu erfragen.

OFFIZIELLE FEIERTAGE

1. Januar – Neujahr *(Capodanno)*; 6. Januar – Dreikönig *(Epifania)*; Ostersonntag und Ostermontag *(Pasqua)*; 25. April – Jahrestag der Befreiung vom Faschismus *(Liberazione)*; 1. Mai – Tag der Arbeit *(Festa del Lavoro)*; 15. August – Mariä Himmelfahrt *(Ferragosto)*; 1. November – Allerheiligen *(Ognissanti)*; 8. Dezember – Mariä Empfängnis *(Immacolata Concezione)*; 25. und 26. Dezember – Weihnachten *(Natale)*

*Zu den feierlichen Prozessionen
schmücken sich die Frauen
mit ihren alten Trachten*

MARCO POLO TIPS FÜR FESTE

1 Feste Vigiliane
Trento ehrt seinen Schutzpatron S. Vigilio mit Schauspielen und Floßfahrten zwischen dem 26. und dem 29. Juni (Seite 31)

2 Carnevale di Fassa
Narren mit Holzmasken und Schellengürteln treiben im Fasching im ganzen Tal ihre beeindruckenden Spiele (Seite 30)

3 Plodar Wosenocht
Der lange Karneval von Sappada ist wirklich eine tolle Sache (Seite 31)

4 Bozner Blumenmarkt
Kunstvoller Blütenschmuck verzaubert die Altstadt rund um den 1. Mai (Seite 30)

5 Kastelruther Bauernhochzeit
Die Kastelruther Trachtenpärchen paradieren im Winter beim Schlittenumzug (Seite 31)

6 Festival Ladin
Im August präsentieren die Ladiner des Grödnertals Brauchtum und Tracht (Seite 30)

FESTE UND VERANSTALTUNGEN

Bozen
Weinkost: Ende März/Anfang April kann man bei der jährlichen Landesweinausstellung das gesamte Sortiment der Südtiroler Rot- und Weißweinproduktion probieren.

★ *Bozner Blumenmarkt:* Kunstvolle Beete und Arrangements verwandeln die Altstadt am 30. April und 1. Mai in ein farbenprächtiges Blütenmeer.

Bozner Sommer: Zwischen Juni und September organisiert die Landeshauptstadt das größte Kulturfestival Südtirols.

Brixen
Altstadtfest: Alle zwei Jahre (mit gerader Endzahl) am Wochenende nach dem 15. August gastieren Schauspieler, Folkloregruppen, Musiker und andere Künstler in den Gassen der Altstadt. Wirtshäuser und Stände servieren Eisacktaler Spezialitäten.

Bruneck
✪ *Stegener Markt:* Beim traditionsreichen Bauernmarkt Ende Oktober kann man alles kaufen, was das Herz begehrt. Ein Rummelplatz für die Jugend und ein Viehmarkt für die Bauern gehören dazu.

🎿 *Kronplatz-Skiopening:* Die Skisaison beginnt Mitte Dezember mit einem Sportspektakel, bei dem internationale Popstars den Brunecker Hausberg beschallen.

Fassatal
★ *Carnevale di Fassa:* Mit seinen Maskenläufen, Narrenumzügen und maskierten Musikkapellen gehört dieser Fasching zum ältesten Brauchtum im Tal.

Grödner Tal
★ *Festival Ladin:* »Gröden in Tracht« heißt das Motto für das

DOLOMITEN-KALENDER

jährliche ladinische Folklorefest im August. St. Ulrich, St. Christina und Wolkenstein organisieren es abwechselnd.

Madonna di Campiglio
Carnevale Asburgico: Weil es die Ferienrituale des alten Wiener Hochadels nicht mehr gibt, werden sie hier neu inszeniert. Den ganzen Fasching hindurch mit rauschenden Banketten, Bällen und Kostümfesten.

Misurina
Winter Polo Cup: Beim internationalen Poloturnier im Februar zeigen Reiter und Pferde auf Schnee und Eis des Misurinasees in der Nähe von Cortina ihr Können.

Pustertal
Pusterταler Skimarathon: Am zweiten Sonntag im Januar ziehen Langläufer um die Wette von Innichen nach Olang (35 km) und nach Antholz (50 km).

Sappada
★ *Plodar Wosenocht:* An den drei Sonntagen vor der letzten Faschingswoche ein Masken-Sonntag für die Bettler, einer für die Bauern, einer für die Edelleute. Im Endspurt noch drei Umzüge mit allegorischen Wagen, mit der Leitfigur Rollate und maskierten Skifahrern.

Schlerngebiet
★ *Kastelruther Bauernhochzeit:* Auch beim Schlittenumzug Mitte Januar sind die kostbaren Kastelruther Trachten zu bewundern, die fast jeder von der farbenfrohen Kastelruther Fronleichnamsprozession im Juni her kennt.

Oswald-von-Wolkenstein-Ritt: Zu Ehren des eigenwilligen Barden und Politikers inszenieren Kastelruth, Völs und Seis im Juni ein historisches und folkloristisches Reiterfest rund um die Wolkenstein-Burg Hauenstein, um den Völser Weiher, den Kofl von Kastelruth und Schloß Prösels.

Toblach
Gustav-Mahler-Musikwochen: Seit Sommer 1999 sind die Konzerte in der einstigen Sommerfrische des Komponisten im edel restaurierten Saal des Jugendstil-Grand Hotels zu hören.

Tramin
Alle zwei Jahre (1999, 2001 usw.) am Faschingsdienstag ziehen die Traminer beim *Egetmann-Umzug* verkleidet von Brunnen zu Brunnen. Beim uralten Fastnachts- und Fruchtbarkeitsritus werden skurrile Masken wie die »Schnappviecher« getragen.

Trient
Filmfestival Internazionale Montagna Esplorazione Avventura: Im Mai kommen Filmemacher aus der ganzen Welt, um ihre Werke beim Bergfilmfestival zu präsentieren.

Trento Cinema: Die internationale Biennale des Films findet ebenfalls im Mai statt.

★ *Feste Vigiliane:* Vom 26. bis 29. Juni feiert die Stadt ausgiebig ihren Schutzpatron S. Vigilio. Auf dem Domplatz und auf Flößen auf der Etsch werden seit alters her Schauspiele in Kostümen aufgeführt.

Valle di Zoldo
Internationales Folklorefestival: Jedes Jahr Anfang Juli gibt es im Tal ein großes Fest mit Chören, Musikkapellen und Volkstanzgruppen.

BELLUNESER DOLOMITEN

Unter allen Gipfeln ist Ruh

Hier finden Sie die Superlative der Bergeinsamkeit: die meisten Dreitausender, die verschlungensten Wege, die stillsten Täler

In der Provinz Belluno recken sich die meisten Dolomitendreitausender in den Himmel. Die überwältigenden Klötze ziehen traditionell ambitionierte Bergsteiger an. Die aber gibt es nicht eben en masse. Die Anfahrt über gewundene Bergstraßen und hohe Pässe ist umständlich – das hält die Bequemen und Durchreisenden fern. Wenn es denn so etwas wie einen Generaltip in einem Reiseführer geben kann, dann heißt er in diesem MARCO POLO Band deshalb: Nehmen Sie sich doch mal diese abgeschiedenste Ecke der Dolomiten vor! Hier können Sie in aller Ruhe Ihre Sommerfrische genießen, in bestens ausgerüsteten Gebieten Wintersport treiben. Die Belluneser Dolomiten eignen sich besonders für Leute, die das Lässige am italienischen Lebensstil schätzen, gerne gut essen und trinken, Rekorde auf Gipfeln und Pisten verabscheuen und statt dessen lieber auf einsamen Bergpfaden wandern oder auch mal Stippvisiten nach Süden einschieben.

Vigo di Cadore: Die kleine Kirche S. Orsola aus dem 14. Jahrhundert ist ein Nationaldenkmal

Hotel- und Restaurantpreise

Hotels
Kategorie 1: über 250 000 Lit
Kategorie 2: 150 000 Lit bis 250 000 Lit
Kategorie 3: bis 150 000 Lit
Preise für die Übernachtung von zwei Personen im Doppelzimmer pro Nacht.

Restaurants
Kategorie 1: über 60 000 Lit
Kategorie 2: 40 000 bis 60 000 Lit
Kategorie 3: bis 40 000 Lit
Preise für ein Essen mit Vorspeise, Hauptgericht und Dessert ohne Getränke.

Abkürzungen

S. San, Santo, Santa   **Loc.** Località (Ortsteil)

BELLUNO

☛ **Stadtplan in der hinteren Umschlagklappe**

(117/D 3) Wie eine dicke Zunge zwängt sich die Provinzhauptstadt (35 500 Ew.) hoch über dem Piave in eine Biegung des Flusses hinein. Die Altstadt wirkt venezianisch: Bogenfenster an den Häusern und Palästen aus der Zeit der Gotik und der Renaissance, Arkadenwege, Plätze mit Brunnen und Fontänen. Belluno ist friedlich und doch von munterer Geschäftigkeit. Die Touristen spielen nur eine Statistenrolle. Das hat Vorteile: Sie können ungestört die schönen Fassaden von mehr als zwanzig Adelshäusern bewundern und zu ehrlichen Preisen essen, trinken oder einkaufen.

So ruhig wie heute ist es in Belluno nur während der vierhundertjährigen Herrschaft Venedigs zwischen 1404 und dem Einmarsch Napoleons zugegangen. Bevor die Serenissima das Provinznest zum prächtig herausgeputzten Zentrum der Waffenschmiede machte, hatten viele Adelsfamilien jahrhundertelang um die Macht in der von den Paläovenetern und Römern erbauten Stadt gestritten. Nach

MARCO POLO TIPS
FÜR DIE BELLUNESER DOLOMITEN

1 Skirundfahrt »1. Weltkrieg 1914–1918«
Ein neuer Parcours zum Er-Fahren von fünf schönen Skigebieten und der Dolomitenfront (Seite 37)

2 Rifugio Auronzo
Trotz hochsaisonaler Tumulte: Nirgends kommen Sie den Drei Zinnen als Normalsterblicher näher als hier (Seite 45)

3 Keisn
Sappadas Gourmettempel ist total unprätentiös, hat eine tolle Karte und klasse Service (Seite 46)

4 Valle di Zoldo
Einfach zum Dableiben – besonders im hochgelegenen Abschnitt des verwunschenen Tals (Seite 41)

5 Brillenmuseum in Tai/Pieve di Cadore
Liebenswerte Lobpreisungen des Nasengestells: Wer den Sehschaden hat, braucht den Spott nicht zu fürchten (Seite 44)

6 Passo Giau
Panoramapunkt ersten Ranges mit renommierter Einkehrstation (Seite 42)

7 Kirchlein S. Orsola/Vigo di Cadore
Ein anrührendes kleines Heiligtum mit mittelalterlichen Fresken und Dolomitenblick (Seite 44)

8 Porta Vescovo
Skiparadies für Anspruchsvolle mit Direktverbindungen zur Marmolada und Sella Ronda (Seite 40)

BELLUNESER DOLOMITEN

Venezianische Atmosphäre in der Provinzhauptstadt Belluno

den Venezianern haben Napoleon, die Habsburger, gegen Ende des Zweiten Weltkriegs auch die deutschen Nationalsozialisten immer wieder Unruhe und Krieg gebracht.

BESICHTIGUNGEN

Dom
Der Bau von Santa Maria Assunta hat vom Beginn des 16. bis zum Ende des 18. Jhs. gedauert. Den auffälligen Campanile hat Filippo Juvara 1742 entworfen. Das Innere der Kirche birgt Gemälde von Palma il Giovane, Jacopo Bassano und Cesare Vecellio. Das Baptisterium gegenüber der Kirche ist 1520 entstanden.

Domplatz
Rings um den Dom stehen prächtige *palazzi* Spalier. Sie sind alle nur von außen zu bewundern. Am edelsten mutet mit seinen Bogenfenstern und Gängen der *Palazzo dei Rettori* aus dem 15. Jh. an. Der *Palazzo del Municipio* ist die im vorigen Jahrhundert entstandene Rekonstruktion eines gotischen Vorläufers. Der *Palazzo dei Vescovi* mit der charakteristischen *Torre Civica* wird auf das 12. Jh. datiert, ist aber bis zur Unkenntlichkeit umgebaut worden.

Piazza dei Martiri
❂ Mittelpunkt der Stadt ist dieser den Opfern der Resistenza gewidmete Platz. Auf ihn weist die Fassade der im 16. Jh. entstandenen Kirche *S. Rocco*. Nahebei an der Piazza Vittorio Emanuele II der *Palazzo Fulcis de Bertoldi* aus dem späten 18. Jh.

Piazza del Mercato
❂ Ein Brunnen aus dem Jahr 1410 und die 1471 entstandene *Loggia dei Ghibellini* schmücken den kleinen Marktplatz. Der wird auch *Piazza delle Erbe* genannt und ist am schönsten zu erreichen durch das Stadttor *Porta Doiona*. Jenseits des Marktplatzes die venezianisch ge-

prägte *Via Mezzaterra* mit schönen Stadtpalais. Eine Abzweigung, die Via Brustolon, führt zum *Seminario Gregoriano*, das zwischen 1253 und 1806 ein Minoritenkloster war. Die Kirche *S. Pietro* direkt daneben geht auf das 13. Jh. zurück.

Santo Stefano
Die einzige gotische Kirche von Belluno erreicht man am besten über die *Via Roma* mit ihren Gebäuden aus dem 16. und 17. Jh. *Piazza S. Stefano*

MUSEUM

Museo Civico
Die Stadt zeigt ihre Pinakothek mit Werken einheimischer Künstler an der *Piazza Duomo, Tel. 0437 944836*. Noch in diesem Jahr soll in der *Via Mur di Cadola* eine neue naturkundliche Abteilung eröffnen.

RESTAURANTS

Al Borgo
◉ *Schizz*, ein gegrillter Käse mit Polenta, ist eine Spezialität der Stadt. Alternativen sind grüne *gnocchi* mit Mascarpone oder Zicklein. *Loc. Visone, Via Anconetta 8, Tel. 0437 926755, Kategorie 2*

Al Sasso
◉ In diesem traditionellen Restaurant sollten Sie die Vorspeisenspezialität *casunziei* probieren. *Via del Cansiglio 12, Tel. 0437 27 783, Kategorie 3*

La Taverna
◉ In diesem rustikalen Lokal in der Altstadt kann man sehr gut zubereitete Bohnensuppe mit Nudeln verzehren. *Via Cipro 7, Tel. 0437 25192, Kategorie 3*

EINKAUFEN

Enoteca Il Piacere
◉ Edle italienische Tropfen und Destillate in bester Auswahl. *Via Mezzaterra 94*

Enoteca Mazzini
◉ Im Herzen des alten Belluno können Sie hier stilvoll ein reiches Sortiment an Weinen und Spirituosen probieren und kaufen. *Piazza Mazzini 6*

Pastificio Menazza
In diesem Laden steht eine nostalgische Gefühle weckende Kollektion von Nudelmaschinen für die köstlich frische Pasta des Hauses. *Piazza delle Erbe 4–6*

HOTELS

Alle Dolomiti
Hier wohnen Sie gutbürgerlich direkt im historischen Zentrum der Stadt. *33 Zi., Via Carrera 46, Tel. 0437 941660, Fax 0437 941436, Kategorie 2*

Astor
◈ Reservieren Sie ein Zimmer mit Talblick: Die weichen Linien der Hügel am Piave liegen vor Ihnen. *32 Zi., Piazza dei Martiri 26/E, Tel. 0437 942094, Fax 0437 942493, Kategorie 2*

Casa per Ferie al Centro
✝ Einfach, aber doch bequem und äußerst preiswert. *44 Einzel- und 5 Doppelzi., Piazza Piloni 11, Tel. 0437 944460, Fax 0437 942928, Kategorie 3*

Villa Carpenada
Das erste Haus am Platz bietet eine hauseigene Gartenanlage zum Entspannen. *23 Zi., Via Mier*

BELLUNESER DOLOMITEN

158, Tel. 04 37 94 83 43, Fax 04 37 94 83 45, Kategorie 2

SPIEL UND SPORT

Sehr eindrucksvoll: die Pferdetrekkings des Vereins *Trekking in den Belluneser Dolomiten* (Tel. 04 37 91 51 90 oder 04 37 55 46 73). Kompetente Kultur- und Naturführungen durch die Gruppe *C. T. G.* (Via Carrera 16, Tel. und Fax 04 37 95 00 75)

AM ABEND

Wer sich ins Nachtleben stürzen will, der kann wählen zwischen den ☆ Diskotheken *Dodo's Club*, Via Vecellio, Tel. 043 73 23 58, und *Nuovo Mondo*, Via Vecellio 61, Tel. 04 37 35 55. Gut frequentierte Abendtreffs sind auch die ☆ Brasserie Il Mascherone (Via Mezzaterra 16, Tel. 04 37 94 03 11) und der ☆ Pub Carrera Undici (Via Carrera 11, Tel. 043 72 65 58)

AUSKUNFT

APT Nr. 2 Belluno-Feltre-Alpago
Via Psaro 21, 32100 Belluno, Tel. 04 37 94 00 83/4, Fax 04 37 94 00 73

ALLEGHE

(**110/B5**) Im Agordino, der Landschaft rund um Alleghe, merkt man auf Schritt und Tritt, daß der Tourismus ein relativ junger Wirtschaftszweig ist. Der Gast sitzt nicht in einem künstlich arrangierten Idyll. Das längste Tal ist das *Cordevoletal,* es beginnt am Pordoi-Paß. Der obere, engere Abschnitt zwischen Arabba und Caprile gilt als eigene Einheit und wird aus historischen Gründen *Livinallongo* genannt: Im Norden hatten jahrhundertelang die Fürstbischöfe von Brixen das Sagen, die südliche Hälfte des Cordevoletals stand unter dem Einfluß von Belluno. Im mittleren Abschnitt des Agordino liegt sein touristisch bedeutsamster Ort Alleghe. ❦ Das Szenario ist atemberaubend. Unter den schroffen Wänden der Civetta mit ihrem dichten Mantel aus Fichten und Tannen schimmert ein grüner Bergsee, in seinem Wasser spiegelt sich das Dorf auf seinem Halbinselchen. Alleghe mit knapp 1700 Einwohnern gehört zu Bellunos besonders schönen Ferienorten. Seinen idyllischen See verdankt das Dorf einer Naturkatastrophe: Am 11. Januar 1771 löste sich eine Geröllawine vom Monte Piz und schnitt den Lauf des Flusses Cordevole ab. Das Wasser staute sich an den Gesteinsmassen und überschwemmte acht kleine Siedlungen. Seit der Frühzeit des Alpinismus dreht sich in Alleghe alles um den Fremdenverkehr. Hier wurde auch die Idee geboren, mit der ★ Skirundfahrt Erster Weltkrieg 1914–18 den Wintersportlern die einstigen Frontkampfplätze zu zeigen und ihnen gleichzeitig an einem Tag die Skigebiete Civetta, Cortina, Alta Badia, Arabba und Rocca Pietore vorzustellen.

RESTAURANTS

Die meisten Hotels von Alleghe führen gleichzeitig auch eine für Tagesgäste zugängliche Trattoria oder ein Restaurant, in denen man bodenständige Küche zu anständigen Preisen bekommt.

Fontana Bona
Kleines rustikales Berggasthaus am Waldesrand mit typischen

Gerichten der Küche des Agordino. *Piani di Pezzè, Tel. 04 37 72 39 13, Kategorie 3*

HOTELS

Alleghe
Klein, aber abwechslungsreich: Haus mit Spielzimmer, Restaurant und Boutique. *13 Zi., Corso Italia 21, Tel. und Fax 04 37 52 35 27, Kategorie 2*

Esperia
Dieses kleine Hotel hat einen eigenen Parkplatz, Seeblick und heißt auch Hunde willkommen. *11 Zi., Via Lungolago 6A, Tel. und Fax 04 37 72 36 79, Kategorie 2–3*

Europa
Sporthotel direkt am Seeufer mit Sauna, Solarium, Garten, Park und Pianobar. *33 Zi., Via Europa 10, Tel. 04 37 52 33 62, Fax 04 37 72 39 06, Kategorie 1*

SPIEL UND SPORT

Die größte Herausforderung für Kletterer ist die 1000 Meter hohe Felswand der Civetta mit Schwierigkeitsgraden von 6+. Bergführer kann man engagieren in der *Casa delle Guide (Tel. 04 37 72 37 66)*. Wer sich im beliebtesten italienischen Ballspiel üben möchte, der sollte sich zum *Bocciaplatz* in Masarè aufmachen *(Tel. 04 37 52 33 71)*. Im Eisstadion von Alleghe *(Tel. 04 37 72 37 49)* kann man seine eigenen Runden drehen oder sich während der Spielsaison unter die *tifosi* mischen, die Fans, die Alleghes Eishockeymannschaft anfeuern. Im Ort selbst erschließen eine Gondelbahn, zwei Sessellifte und fünf Skilifte ein 30 km langes Pistengelände. Die Aufstiegsanlagen sind mit denen der Täler Val Fiorentina und Valle di Zoldo im Verbund mit *Dolomiti Superski* zum *Skikarussell Civetta* zusammengeschlossen *(Skipaßbüro, Tel. 04 37 52 35 44)*. Betreuung für Knirpse gibt es im Skikindergarten *Asilo sulla Neve (Tel. 04 37 52 35 98)*.

AM ABEND

Das vorwiegend italienische Publikum amüsiert sich abends am liebsten beim Dorfbummel oder »zu Hause« in den Hotels. Deswegen ist auch deren Angebot an Bars, Pianobars mit Tanzmusik oder Spielsalons mit Kartentischen oder Billard so reichhaltig. Die einzige Disko für Nachtschwärmer ist das *Dancing Chalet al Lago* in Masarè *(Tel. 04 37 52 33 84)*.

AUSKUNFT

Ufficio Informazioni
Piazza Kennedy 17, 32022 Alleghe, Tel. 04 37 52 33 33, Fax 04 37 72 38 81

ZIELE IN DER UMGEBUNG

Agordo (116/C 2)
Der Hauptort des Agordino ist mit seinen knapp 5000 Einwohnern mehr Wirtschaftszentrum als Ferienort. Die Urlauber lassen sich lieber erst im oberen, landschaftlich spektakulären Abschnitt des Cordevoletals nieder. In früheren Jahrhunderten ist Agordo ein wichtiges Bergwerkszentrum gewesen. Sehenswert ist die *Pfarrkirche* mit ihren Zwillingstürmen. Sie besitzt Fresken des 16. bis 19. Jhs., kostbare Gemälde von

BELLUNESER DOLOMITEN

Palma il Giovane und Padovanino. Der Adelssitz *Crotta-De'Manzoni* am Hauptplatz ist eine Synthese aus Villa und Palais aus dem 17. und 18. Jh. Man kann ihn nur von außen besichtigen. In der Mineraliensammlung *Museo Mineralogico* können Sie sich einen Überblick über die Gesteinsarten des Agordino verschaffen *(Istituto Tecnico Industriale Minerario U. Follador, Via 5 Maggio 8, Tel. 043 76 20 15)*. Genau gegenüber seinem alten Sitz soll das Museum demnächst moderne Räume bekommen. Solide Regionalgerichte, so Fettuccine mit Hasenragout, kommen im *Ristorante Erice* auf den Tisch *(Via IV Novembre 13B, Tel. 043 76 23 07, Kategorie 2)*. Das unlängst restaurierte *Hotel Villa Imperina* mit Restaurant, Garten und Bocciabahn ist ein komfortables Nachtquartier *(31 Zi., Via Pragrande 5, Tel. 043 76 20 46, Fax 04 37 64 03 06, Kategorie 2)*. 11 km nordwestlich von Agordo liegt *Cencenighe Agordino*. Das Dorf hat sich mit seinen holzverkleideten Häusern und mit freskengeschmückten Fassaden ein charakteristisches Aussehen bewahrt. Auskunft: *Ufficio Informazioni, Via 27 Aprile 5A, 32021 Agordo, Tel. 043 76 21 05, Fax 043 76 52 05*

Caprile (110/B 5)
Vier Kilometer von Alleghe entfernt gibt es hier reichlich Gelegenheit, sommers per pedes und winters mit Tourenskiern das Gelände rund um Civetta und Marmolada zu erkunden. Wer lieber in den Niederungen bleibt, der kann sich im Traditionshotel *Alla Posta* verwöhnen lassen *(54 Zi., Piazza Dogliani 19, 32022 Caprile, Tel. 04 37 72 11 71, Fax 04 37 72 16 77, Kategorie 1)*. Der *Club Alpino Italiano Caprile* hilft bei der Organisation von Wanderungen *(Tel. 04 37 72 13 50)*.

Passo Cereda (116/B 3)
In eine völlig verwunschene Welt führt die Straße von Agordo zum Passo Cereda, der das Agordino mit dem Trentino verbindet. Eine Handvoll Häuser, wenige kleine Hotels, ein paar Skilifte und sonst nichts als Bergeinsamkeit – das bieten *Voltago Agordino* und etwas abseits *Rivamonte Agordino*. Noch malerischer sind die Dörfchen Frassenè und Gosaldo.

Valle del Biois (110/A 6)
Landschaftlich ausnehmend anziehend und mit der Ski Area Tre Valli (mehr als 100 km Abfahrten) auch für Skifahrer attraktiv ist das *Valle del Biois*. Es zweigt von Cencenighe Agordino ab zum Passo S. Pellegrino, liegt genau zwischen den Massiven von Marmolada und Pale di S. Martino. *Falcade* (2270 Ew.) und das eingemeindete *Caviola* sind seine touristischen Zentren. Wenn's mal ein bißchen Kultur sein soll: *Studio-Museo di Augusto Murer* in *Falcade (Via Scola, 13, Tel. 04 37 59 90 59)*. Für Besuche im Atelier des einheimischen Bildhauers ist eine Terminabsprache nötig. Das Nachtleben inszenieren ausnahmslos Hotels in Falcade mit ihren Dancings und Pianobars. Zum Beispiel das *Belvedere (22 Zi., Via Garibaldi 28, Tel. 04 37 59 90 21, Fax 04 37 59 90 81, Kategorie 2*. Auskunft: Bei den Informationsbüros *Piazza Municipio 1, 32020 Falcade, Tel. 04 37 59 92 41, Fax 04 37 59 92 42, Via Bivio, 32042 Calalzo, Tel. 04 37 53 23 48* und *Via Lungo Tegosa, 32020 Caviola, Tel. und Fax 04 37 59 01 16*

Val Pettorina (110/A–B 5)

Durch die schaurig wirkende Schlucht der *Serrai di Sottoguda* führt das Tal zur beeindruckenden Marmolada. Um in ihre Abgründe zu schauen, muß man bei *Sottoguda,* dem Dorf der Kunstschmiede, von der Hauptstraße abweichen. *Rocca Pietore* (1600 Ew.) heißt die Talgemeinde, zu der außer dem Hauptort noch sieben kleine Siedlungen gehören. Die bekannteste ist *Malga Ciapèla,* der Hochgebirgsstützpunkt direkt zu Füßen der Marmolada, die ideale Basis für Skifahrer, die auch im Sommer nicht genug bekommen von glitzernden Gletscherfeldern. Auskunft: *Ufficio Informazioni, Via Roma, 32020 Rocca Pietore, Tel. 04 37 72 13 19, Fax 04 37 72 12 90*

ARABBA

(109/F 4) Das 300-Seelen-Dorf im oberen Cordevoletal, das hier Livinallongo heißt, wirkt fast weltverloren zwischen dem schwarzen Padonkamm mit seinem Skigipfel ★ *Porta Vescovo* und den Wänden des mächtigen Sellastocks. Im Osten zeichnet der Col di Lana spektakuläre Konturen ins Landschaftsbild. Arabba gehört wie die Nachbarsiedlungen *Varda, Cherz, Corte, Contrin, Pieve di Livinallongo* und *Andraz* zu den ladinischen Dolomitentälern. Alle Dörfchen und Weiler bilden heute eine einzige Gemeinde unter dem Sammelnamen *Livinallongo del Col di Lana* (rund 1500 Ew.). In früheren Jahrhunderten unterstand das Gebiet dem Fürstbischof von Brixen, der zusammen mit adeligen Familien die reichen Eisenvorkommen ausbeuten ließ.

BESICHTIGUNG

Schloß Andraz

Die provisorisch gesicherte Ruine wird auch Schloß Buchenstein genannt. Das Bollwerk wurde um das Jahr 1000 auf einem schroffen Kalkfelsen aufgetürmt, um die Grenze zwischen Südtirol und Venedig zu verteidigen. Jahrhundertelang hielten die Bischöfe von Brixen die Stellung. Nach Ende der kirchlichen Herrschaft 1802 verfiel das Schloß.

MUSEUM

Museo Ladino Fodom

Dieses kleine Heimatmuseum in Livinallongo macht die ladinische Kultur anschaulich. *Via Pieve 41, Tel. 04 36 71 93*

RESTAURANTS

Auf der Bergeshöhe sollten Sie die Hütte ★ *Rifugio Fodom ansteuern (am Passo Pordoi, Tel. und Fax 043 67 94 25),* wo Sie in Vollmondnächten nach dem Spaghettischmaus eine romantische Skiabfahrt erleben können. In der Hütte ★ *Rifugio Plan Boé* zu Füßen der Sella *(Tel. und Fax 043 67 93 39)* ist auch sommers gut einkehren, dann gibt's Ausflüge zu Pferde. Restaurant und Pizzeria zugleich und je nach Bestellung den Kategorien 2 oder 3 zuzuordnen sind das *Al Tablè (Tel. 043 67 93 02),* das *7 Sass (Tel. 043 67 91 15)* und das *Ru de Mont,* Ortsteil Renaz *(Tel. 043 67 92 56).*

HOTELS

Alpino

Familiär geführtes Haus im Zentrum von Pieve, sein Restaurant

BELLUNESER DOLOMITEN

tischt köstliche Lokalgerichte auf. *11 Zi., Pieve di Livinallongo, Tel. und Fax 04 36 71 89, Kategorie 2–3*

Grifone
Elegantes, von Bioarchitekten gebautes Hotel mit opulentem Schwimm- und Dampfbadbereich. *56 Zi., Loc. Passo Campolongo, Tel. und Fax 04 36 78 00 34, Kategorie 1*

Portavescovo
Modernes Hotel. Gute einheimische Spezialitäten, freitags Fischbuffet. *57 Zi., Tel. 043 67 91 59, Fax 043 67 93 43, Kategorie 2*

SPIEL UND SPORT

Die jüngsten Gäste unterhält das Dorf im Sommer mit dem Programm *Summer for kids,* sprich: mit Ausflügen in die Natur, mit Spielen und Sport. Auskunft beim Ufficio Informazioni.

An der Porta Vescovo lohnt sich eine Wanderung auf dem *geologischen Lehrpfad,* der durch fossilienreiches Terrain führt. Im Frühsommer sollte man sich die Blüte der Blumenwiesen am *Monte Cherz* nicht entgehen lassen. Berg- und Skitourenführer bieten am Pordoijoch ihre Dienste an *(Tel. 046 26 12 79).* Der Hausberg *Porta Vescovo* ist durch Verbindungslifte mit dem Gletscherskigebiet an der *Marmolada* und mit dem Karussell *Sella Ronda* verbunden.

AUSKUNFT

Ufficio Informazioni
32020 Arabba, Tel. 043 67 91 30, Fax 043 67 93 00

VALLE DI ZOLDO

(110/C 5–6) ★ Weltverloren und wunderschön liegt das Tal im

Eines der besonders schönen Dolomitentäler: Valle di Zoldo

> **Sagenwelt**
>
> Die Ladiner haben die ältesten und die schönsten Geschichten über ihre kleine abgeschiedene Welt gesponnen. In ihrer Sprache heißen diese Überlieferungen *contie*. Eine solche *contia* erzählt sehr poetisch, daß die Felsen manchmal mit den Menschen fühlen. Als Beispiel dient die Hohe Gaisl, die im Ampezzo wegen ihrer roten Färbung Croda Rossa heißt. Dort wächst das Waisenkind Moltina in einer Höhle bei einer alten *Anguana* auf, einer Wald- und Wasserfrau. Moltina begegnet einem Prinzen und heiratet ihn. Der Berg freut sich so sehr über ihr Glück, daß alle seine Steine vor Freude ganz warm werden. Als sich aber die Prinzessin Moltina eines Tages am Hof ihres Gemahls wegen ihrer einfachen Herkunft fast zu Tode schämt, da erröten die Felsen für immer und allezeit. Man braucht diese Geschichte nicht wörtlich zu nehmen. Ihre Botschaft ist trotzdem eindeutig: Es gibt eine enge Verknüpfung von Mensch und Natur.

Bann von Civetta und Monte Pelmo. Sein Hauptort ist *Forno di Zoldo*. Zusammen mit rund zwanzig eingemeindeten Siedlungen an den sonnenbeschienenen Hangterrassen hoch über den Bächen Pramper und Mareson hat er etwas mehr als 3000 Einwohner. Früher einmal, als im Tal Eisen gefördert und zu international gefragten Nägeln geschmiedet wurde, lebten hier doppelt so viele Menschen. Die Industrialisierung und mehrere schreckliche Überschwemmungen haben Ende des 19. Jhs. zu einem nahezu biblischen Exodus geführt. Wer nicht auswanderte, erfand sich einen neuen Beruf, den des *gelatiere*. Die Eismacher aus dem Tal arbeiten überall in Europa und gelten als die besten überhaupt.

Touristischer Mittelpunkt ist die Gemeinde *Zoldo Alto* (1370 Ew.) mit ihren kleinen Dörfern *Fusine* und *Coi*, *Mareson* und *Pecol*. Die Wiesen von *Palafavera*, *Pecol* und *Pianaz* sind mit ihren Loipen und Liften die Stützpunkte der Wintersportler. Auf Schusters Rappen kann man den ❊ *Anello Zoldano* bewältigen, einen Rundparcours zu den Zoldaner Schutzhütten, für den man sechs Tage braucht. Von Forno di Zoldo aus ist ein Abstecher in das wunderhübsch verwunschene Dörfchen ❊ *Zoppè di Cadore* direkt unter dem Thron des Pelmo anzuraten.

Auch die schmale Bergstraße von Dont hinauf zum ❊ *Passo Duran*, dem Übergang ins Cordevoletal, führt in eine märchenhafte Dolomitenkulisse. Eine architektonische Besonderheit des Valle di Zoldo sind die dunklen, wettergebeizten *tabià*. Das sind Ställe und Scheunen mit besonders kunstvoll gearbeiteten Belüftungsgittern aus Holz. Ein *ethnographisches Museum* können Sie im Sommer samstags und sonntags in der Siedlung *Goima (Zoldo Alto, Tel. 04 37 79 70 85)* besuchen. Zu Besichtigungen zu anderen Terminen wenden Sie sich an die genannte Privatnummer. Gaumenfreuden bietet die *Tratto-*

BELLUNESER DOLOMITEN

ria Da Ninetta in Mezzo Canale (Tel. 043 77 82 40, Kategorie 3). In Pecol/Zoldo Alto kann man sich in der ✸ Gelateria Al Soler von den Qualitäten der einheimischen Eismacher überzeugen. Herzhafte Schmankerln zaubert die Hausherrin im Rifugio Ristorante Monte Pelmo auf den Tisch (Palafavera/Zoldo Alto, Tel. 04 37 78 93 59, Kategorie 3). In der Trattoria L'Insonnia, einer ausgebauten Almhütte, gibt es zum Festpreis von 25 Mark ein herzhaftes Gebirgsmenü (Via Canale 7, Forno di Zoldo, Tel. und Fax 04 37 78 72 43). Über Nacht gut aufgehoben sind Sie in den Hotels Boscoverde (20 Zi., Pecol/Zoldo Alto, Tel. 04 37 78 91 51, Fax 04 37 78 87 57, Kategorie 2–3), Cristelin (18 Zi., Mareson/Zoldo Alto, Tel. 04 37 78 91 62, Fax 04 37 78 91 69, Kategorie 2) und Maé (19 Zi., Mareson/Zoldo Alto, Tel. 04 37 78 91 89, Fax 04 37 78 91 17, Kategorie 2–3). Auskunft: Ufficio Informazioni, Via Roma 12, 32012 Forno di Zoldo, Tel. 04 37 78 73 49, Fax 04 37 78 73 40, oder bei den Informationsbüros in 32010 Mareson/Zoldo Alto, Tel. 04 37 78 91 45, Fax 04 37 78 88 78 und in Zoppè di Cadore, Muinicipio, Via Bortolot 69, Tel. 04 37 79 10 00

ZIEL IN DER UMGEBUNG

Val Fiorentina (110/B 4–5)
Die grandiose Landschaft am ★ Passo Giau als Verbindung zum Ampezzotal ist eine Sehenswürdigkeit für sich. Genauso die Straße zur ⩔ Forcella Staulanza, dem Bergsattel zwischen Monte Pelmo und Monte Crot als Übergang in das Valle di Zoldo. Hauptort ist Selva di Cadore, eine ehemalige Kolonie von Minenarbeitern, heute zusammen mit dem Nachbardörfchen Colle Santa Lucia Ferienort mit Anschluß an die Skiarena Civetta.

Sehenswert sind der riesige Christophorus an der gotischen Kirche Santa Fosca in Pescùl und Selvas gotische Kirche San Lorenzo. Eine archäologische Rarität sind das Skelett und die Grabausstattung des Uomo di Mondevàl, eines Menschen aus dem Mesolithikum. Das Museo Storico Etnografico im Centro Culturale Val Fiorentina (Via Quattro Novembre, Tel. 04 37 72 02 43) dokumentiert diesen seltenen frühgeschichtlichen Fund. Neuerdings sind dort auch mehr als 200 Millionen Jahre alte Fußabdrücke von fünf verschiedenen Dinosaurierarten zu bestaunen. Sie wurden am Monte Pelmo gefunden. Bei einer Wanderung vom Paß Forcella Staulanza zum Pelmetto können Sie weitere Spuren der Urviecher entdecken. An die Geschichte des Eisenabbaus erinnert das Museo Miniere da Fursil (Via Villagrande, Colle S. Lucia, Tel. 04 37 72 00 04). Gut einkehren können Sie bei Aurelio im Rifugio Piezza (direkt an der Straße zum Passo Giau, Tel. 04 37 72 01 18, Kategorie 3). Komfortabel übernachtet man im Hotel Nigritella (38 Zi., Loc. Santa Fosca, Tel. 04 37 72 00 41, Fax 04 37 72 04 91, Kategorie 2). Preiswerte Alternative ist der Camping Cadore (Loc. Peronaz, Tel. 04 37 72 02 67). Auskunft: Pro Loco Val Fiorentina, Piazza San Lorenzo, 32020 Selva di Cadore, Tel. 04 37 72 02 43, Fax 04 37 72 04 01

CADORE

(111/D-F 3–6) Von allen Belluneser Dolomitengebieten ist diese Region wirtschaftlich am meisten entwickelt. Es dominiert die Brillenindustrie. Aus dem römischen *Catubrium* ist nach vielhundertjährigen Gebietskämpfen das Cadore geworden. Es hat sich 1420 der Republik Venedig angeschlossen. Als Subregion hat das Comelico zwar die Geschichte des Cadore geteilt. Aber die Bewohner des *Val Comelico* sind vermutlich im Gegensatz zu den Cadorinern ursprünglich einmal ladinischer Herkunft gewesen. Die vielbefahrene Strada dell' Alemagna durch das Piavetal sollte nicht darüber hinwegtäuschen, daß es in den Dörfern mit Hanglage so gut Ferien machen ist, daß sogar Papst Johannes Paul II. schon mehrmals zur Sommerfrische gekommen ist. Kulturelles Ausflugsziel ist *Pieve di Cadore* (4000 Ew.), die »Hauptstadt« des Gebiets. Die meisten zieht es zum *Geburtshaus des Malers Tizian* in der *Via Arsenale* (Tel. 043 53 22 62). Eine Madonna mit Kind von des Meisters Hand und Werke der Künstlerfamilie Vecellio sind in der Pfarrkirche *S. Maria Nascente* zu bewundern. Sehenswert ist auch der im 15. und 16. Jh. entstandene zinnengekrönte *Palazzo della Magnifica Comunità* an der *Piazza Tiziano* mit dem *Museo della Magnifica Comunità di Cadore (Tel. 043 53 22 62).* Eisenhaltige Heilquellen sprudeln in *Calalzo di Cadore.* Gesundbaden können Sie sich dort im *Hotel Calalzo (45 Zi., Via Stazione 19, 32042 Calalzo, Tel. und Fax 043 53 36 00, Kategorie 2).* Im Ortsteil *Lagole* serviert Ihnen das ✪ Chalet di Lagole Fischgerichte – allerdings nur auf Vorbestellung unter der *Handynummer 034 82 23 60 25.* Den totalen Durchblick bringt das ★ Brillenmuseum *Museo dell'Occhiale* in Pieves Ortsteil Tai *(Via degli Alpini 39, Tel. 04 35 50 02 13).* Ein beliebtes Restaurant mit Cadoriner Küche ist das ✪ *Lo Scoiattolo (Loc. Al Mas, Nebbiù di Cadore, Tel. 04 35 50 02 00).* Wandermöglichkeiten im Reich der Marmarole, beispielsweise auf dem Almengelände ❀ Pian dei Buoi oder im wilden ❀ Val d'Oten. Der Papst hat sich *Lorenzago* an der Straße zum ❀ *Passo Mauria* als Feriendomizil auserkoren. *Vigo di Cadore* besitzt ein Nationaldenkmal: Das im 14. Jh. erbaute ★ Kirchlein *S. Orsola* mit Fresken aus dem 14. und 15. Jh. Auskunft über die Ferienorte im Piavetal: *Ufficio Informazioni, Piazza Venezia 20, 32040 Tai di Cadore, Tel. 043 53 16 44, Fax 043 53 16 45* und *Ufficio Informazioni, Via Bivio, 32042 Calalzo, Tel. 043 53 23 48*

ZIELE IN DER UMGEBUNG

Auronzo und Misurina   (111/D 3)
Der Plan von Auronzo mit seinen knapp 4000 Einwohnern ähnelt einem Leporello: Elf Ortsteile ziehen sich acht Kilometer lang im *Valle d'Ansiei* hin. Auronzo selbst liegt am gleichnamigen Stausee. Der zieht mit seinen Stränden und Booten, mit Regatten und Rennen auch ein Publikum an, das nicht allein den Bergruf hört. Den Ort haben moderne Architekten ziemlich verschandelt. Dafür aber sind die Berge selten schön: Die Zacken der *Marmarole,* der *Cadini,* der *Drei Zinnen* der *Monti Aiarnola, Popera* und der *Cima Dodici.* Stille Alternativen zum wuseligen Treiben im Hauptort hat man in ❀ *Palus San Marco* in der *Foresta di Soma-*

BELLUNESER DOLOMITEN

dida, dem einstigen Holzreservoir für den Schiffsbau der Serenissima. Berühmter ist 💋 *Misurina* am gleichnamigen See, eigentlich nichts weiter als eine Ansammlung von Hotels mit zum Teil hochgradig nostalgischem Touch. Doch wie beim Monopoly macht auch hier die Lage den Mythos: ein smaragdgrüner Hochgebirgssee, umstellt von *Cristallo, Cadini, Drei Zinnen*.

Daß der Krieg am Monte Piana besonders heftig tobte, ist nicht in Vergessenheit geraten. Das *Museum des Ersten Weltkriegs* im *Rifugio Maggiore A. Bosi* am *Monte Piana* (Tel. 043 53 90 34) ist ein Mahnmal dafür. Preiswerte Cadoriner Küche kann man etwas außerhalb von Auronzo im ✪ *Cavalier* probieren (*Loc. Cima Gogna, Tel. 04 35 98 34, Kategorie 3*). Auronzo hat die meisten Hotels im ganzen Cadore, dazu auch über 1000 Apartments oder Villen. Ganz zentral liegt das *Auronzo*, das am besten ausgestattete Hotel der Stadt (*51 Zi., Via Roma 30, Tel. 04 35 40 02 02, Fax 043 59 98 79, Kategorie 1–2*). Zimmer mit Seeblick kann man sich im Hotel *Juventus* mieten, es liegt in der Nähe des Strands *Spiaggia Juventus* (*37 Zi., Via Padova 26, Tel. 04 35 40 92 21, Fax 04 35 40 92 84, Kategorie 2*). Sehr ursprüngliche Einkehrstationen am Misurinasee sind die bewirtschafteten *Almen Misurina* (*Via Monte Piana, Tel. 043 53 92 47*) und *Rimbianco* (*Straße zu den Drei Zinnen, Tel. 043 53 90 25*). Dort gibt's frische Milch, selbstgemachte Käse und Würste. Eine Nacht am Misurinasee ist im 💋 Traditionshaus *Lavaredo* am romantischsten (*32 Zi., Via Monte Piana, Tel. 043 53 92 27, Fax 043 53 91 27, Kategorie 2*). Gut schlafen läßt es sich auch im *Hotel Al Cervo* in der Waldeinsamkeit von *Palus S. Marco* (*10 Zi., Tel. 04 35 49 70 00, Fax 04 35 49 71 16, Kategorie 1*).

Wohin im Gipfelmeer? Absolutes Muß ist das über eine Mautstraße zu erreichende ★ *Rifugio Auronzo* zu Füßen der 💋 Drei Zinnen. Auskunft: *Ufficio Informazioni, Via Roma 10, 32041 Auronzo di Cadore, Tel. 04 35 93 59 oder 04 35 40 06 66, Fax 04 35 40 01 61*, und *Consorzio Turistico Auronzo-Misurina, Via Corte, Tel. und Fax 043 59 96 03*

Comelico (111/E–F 3–4)

Von Auronzo aus erreichen Sie über den *Passo Zovo* das *Val Comelico* mit seinen pittoresken Seitenzweigen *Val Visdende* und *Val Grande*. *S. Stefano* (3000 Ew.) ist der Hauptort der heiteren Region zu Füßen der Dolomitengruppen *Propera* und *Brentoni*. Zu jeder Jahreszeit wählen Bergurlauber am besten die hoch gelegenen Siedlungen *Dosoledo* und *Pareda* oder die Pässe *S. Antonio* oder *Monte Croce* (Kreuzbergpaß) als Standort für Wanderungen, Skiabfahrten und Loipentouren. Den Fasching feiert das Comelico in ladinischer Tradition als »Maskerade«. Sie speisen und schlafen gut im *Hotel Verena* (*21 Zi., Loc. Passo Monte Croce, 32040 Comelico Superiore, Tel. 04 74 71 03 28, Fax 04 74 71 03 83, Kategorie 2*). Auskunft: *Ufficio Informazioni, Via Venezia 9, 32045 S. Stefano di Cadore, Tel. 043 56 22 30, Fax 043 56 20 77*)

Sappada (O)

Die nordöstlichste Ortschaft des Belluno (1400 Ew.) zu Füßen der Massive *Terze, Ferro* und *Siera* ist eine deutsche Sprachinsel. Tiroler Familien haben sie um das Jahr 1000 besiedelt. Der Dialekt und die Tiroler Holzbauweise haben alles überdauert. Besonders volkstümlich: der Karneval Plodar Wosenocht mit seiner Leitfigur Rollate im Bärenfell mit Holzmaske. Feinschmecker werden sich ins ★ ☯ Restaurant Keisn verlieben, in die passionierte, kreativ die Tradition verfeinernde Küche (Via Kratten 8, Tel. 04 35 46 90 70, Kategorie 1). Auskunft: Ufficio Informazioni, Borgata Bach 11, 32047 Sappada, Tel. 04 35 46 91 31, Fax 043 56 62 33

Valboite (110-111/C-D 5)
S. Vito und seine Nachbarn Borca, Vodo, Cibiana und Valle di Cadore vermarkten sich gemeinsam unter dem Talnamen Valboite und fahren damit nicht schlecht. Die Landschaftsszenarien zwischen Monte Pelmo und Rocchette, Sorapis und Antelao sind fast so betörend wie die im nahen Cortina, nur gibt es hier keinen Zirkus von Prominenten. Die Grenze zwischen dem Cadore und Ampezzo verläuft übrigens bei der historischen Grenz- und Zollstation Dogana Vecchia. Wichtigstes Urlaubszentrum, mit schönen Wanderrevieren und Skigebiet, ist S. Vito (1650 Ew.). Dort finden Sie im La Scaletta eine sehr abwechslungsreiche, raffinierte Speisekarte (Via P. F. Calvi 3, Tel. 04 36 89 04 69, Kategorie 2). Bekannt für Wildgerichte ist das Al Capriolo in Vodo di Cadore (Via Nazionale 108, Tel. 04 35 48 92 07, Kategorie 2). In ruhiger Lage am Ortsrand können Sie im Villa Trieste übernachten (21 Zi., Via Trieste 6, Tel. und Fax 04 36 92 15, Kategorie 2). Auskunft: Ufficio Informazioni, Via Nazionale 9, 32046 S. Vito di Cadore, Tel. 04 36 91 19, Fax 043 69 93 45

CORTINA D'AMPEZZO

☞ **Stadtplan in der hinteren Umschlagklappe**
(110/C 4) Alle jammern über Cortina, aber jeder fährt hin – zumindest jeder Italiener, der auf sich hält. Das bedeutet: Wenn Hochsaison ist, halten sich sommers wie winters gut 40 000 Menschen im rund 7000 Einwohner zählenden Städtchen auf. Die Prominenz steigt meistens in der eigenen Villa ab und mischt sich gar nicht erst unters neureiche Volk. Das promeniert täglich vor Mittag und am späten Nachmittag in Wallepelzmänteln auf dem Corso Italia, der Einkaufsstraße und Fußgängerzone.

Die sensationsbesessene Klientel hätte sich gewiß längst zu einem anderen Boulevard der Eitelkeiten aufgemacht, wenn Cortina trotz aller Schönheitsfehler nicht tatsächlich eine magische Wirkung ausübte. Die wilden Wände von ❄ Cristallo und Sorapis, von Tofana di Rozes und Tofana di Mezzo strahlen über dem weiten Tal die großzügige Festlichkeit eines Opernhauses aus. Mit seinen ersten Touren hat der Wiener Alpinist Paul Grohmann 1863 nichtsahnend das Cortinasyndrom ausgelöst. Heute liegen die Grundstückspreise über denen in der Metropole Mailand.

Die Kultur des alten Ampezzo muß man mit der Lupe suchen. Nur mehr wenige sprechen die einheimische Variante der ladinischen Sprache, auch wenn der Verein »Union de i Ladins d'Anpezo« eine Menge dafür tut, daß sich das wieder ändert. Wie Südtirol gehört das Ampezzo erst seit

BELLUNESER DOLOMITEN

Skitrubel an der Tofana bei Cortina d'Ampezzo

dem Ende des Ersten Weltkriegs zu Italien, vorher war es als südöstlichster Winkel Tirols Teil des Habsburgerreichs.

MUSEUM

Ciasa de ra Regoles
Enthält eine moderne Kunstgalerie, eine paläontologische Sammlung und das volkskundliche Museo delle Regole. *Via del Parco 1, Tel. 04 36 86 62 22 und 04 36 22 06*

RESTAURANTS

Eßkultur wird hier so groß geschrieben, daß selbst die meisten Schutzhütten gepflegte Spezialitätenrestaurants sind. Wer dort auf einem Platz an der Sonne Mittag essen will, der muß ihn sich deshalb auf jeden Fall rechtzeitig reservieren lassen. Die Stationen der feineren Art sind der ✱ *Rifugio Tondi* an der *Faloria,* an der *Tofana* die ✱ *Rifugi Piè Tofana, Duca D'Aosta* und *Pomedes. Alle Kategorie 2*

Da Beppe Sello
Im neorustikalen Restaurant erklärt die Bedienung sehr freundlich die Gerichte. Köstlich ist beispielsweise Fasan in Pilzsauce. Das angeschlossene Hotel hat holzgetäfelte Zimmer. *Via Ronco 68, Tel. 04 36 32 36, Fax 04 36 32 37, Kategorie 2*

Ospitale
In der gemütlichen einstigen Poststation einige Kilometer außerhalb von Cortina kommt Rustikales auf den Tisch, etwa leckere Spätzle im Salbeisugo. *Zuel di Sopra 46, Loc. Ospitale, Tel. 04 36 26 59, Fax 04 36 86 64 83, Kategorie 2*

Tivoli

Der Familienbetrieb serviert ideenreich verfeinerte italienische Küche in sehr freundlicher Atmosphäre. Sehr lecker die hausgemachten Nudelspezialitäten. *Via Lacedel 34, Tel. 04 36 86 64 00, Fax 04 36 34 13, Kategorie 1–2*

EINKAUFEN

Artigianato artistico ampezzano
Hier finden Sie die ganze Palette von Ampezzaner Kunsthandwerk und Kitsch. *Palazzo del Municipio Vecchio, Corso Italia*

La Cooperativa di Cortina
Das große Kaufhaus ist spezialisiert auf ==seltene und besonders detailgetreue Land- und Wanderkarten.== *Corso Italia 40*

Schmuck
In Cortina residieren die führenden Juweliere Italiens. Sie verkaufen kostbare Eigenkreationen, oft auch antiken Schmuck. Manchmal zeigen sie museumsreife Pretiosen in Ausstellungen. Alle Geschäfte finden Sie im *Corso Italia.*

HOTELS

Bellaria
Zentrales Hotel mit Bar, Restaurant und sympathischer Atmosphäre. Die Besitzer sprechen sehr gut deutsch. *22 Zi., Corso Italia 266, Tel. 04 36 25 05, Fax 04 36 57 55, Kategorie 1–2*

De la Poste
Hemingway war hier. Aber auch sonst werden in diesem Traditionshaus die guten alten Zeiten noch in Ehren gehalten. *80 Zi., Piazza Roma 14, Tel. 04 36 42 71, Fax 04 36 86 84 35, Kategorie 1*

Faloria
Modernes, bestens ausgestattetes Hotel. Das einstige ==Kultrestaurant Meloncino lebt hier als kleines, feines Speiselokal== weiter. *30 Zi., Zuel di Sopra 46, Tel. 04 36 29 59, Fax 04 36 86 64 83, Kategorie 1*

Camping
🛉 Das eigene Dach überm Kopf muß ja nicht gleich eine Villa sein. Sie können sich auch auf den Plätzen *Cortina, Loc. Campo di Sotto, Tel. 04 36 86 75 75,* oder *Olimpia, Loc. Fiames, Tel. 04 36 50 57,* niederlassen.

SPIEL UND SPORT

Unmöglich, das sportliche Angebot im einstigen Olympiaort im Detail aufzublättern. Im Winter gehören die 110 km Pisten an der Faloria, am Monte Cristallo und an den Tofanen zum Schönsten und Anspruchsvollsten, was die Dolomiten zu bieten haben. Auf keinen Fall entgehen lassen sollten Sie sich die Alpinabfahrten im Bereich der bizarren Felsen der ❉ *Cinque Torri* und eine Fahrt mit der ❉ Seilbahn *Freccia nel Cielo* auf die Tofana di Mezzo. Ihr Gipfel ist allerdings nur in den Sommermonaten zu erreichen. Im Winter bleibt der letzte Bahnabschnitt aus Sicherheitsgründen geschlossen. Langläufern ist die 30 km lange ❉ Loipe entlang der ehemaligen Bahnlinie von Cortina nach Toblach ans Herz zu legen, Eisläufer können im Olympiastadion stilvoll Pirouetten drehen. ==Die Bobbahn bietet winters und sommers Mitfahrgelegenheiten== für Wagemutige. Der Spaß kostet rund 130 Mark. Im Sommer bekommen Wanderer auf den Pfaden im 11 000 Hektar großen Gelände des ==*Naturparks Ampezzaner Dolomiten*== Traumaussichten auf spektakuläre Felsen. Im Gebiet gibt es mehr als 300 Kilometer markierte Wege, dazu 22 Klettersteige. Die *Bergführer (Corso Italia 67, Tel. 04 36 86 85 05)* bringen Sie unter

BELLUNESER DOLOMITEN

Cinque Torri – 2362 m über dem Meeresspiegel liegen diese fünf Türme

dem Motto »Erlebnis in Sicherheit« auf Touren. Wandermüde wählen zwischen den Disziplinen Reiten, Fischen, Golf und Minigolf, Tennis oder Mountainbiking.

AM ABEND

Area
✶ Schickes Jungvolk frequentiert gern diese Diskothek. *Loc. Ronco, Tel. 04 36 86 73 93*

Belvedere
✶ Die allseits beliebte Diskobar sorgt ab etwa 23 Uhr für Stimmung. Übrigens öffnen in Cortina auch fast alle anderen Nachtlokale erst so spät. *Loc. Pocol 38, Tel. 04 36 86 37 70*

Tiger Club Piano Bar
Elegantes Ambiente für Leute mit Stil. Bevor Sie sich dem Nachtleben widmen, sollten Sie einen Rundgang durch die prunkvollen Säle und Salons machen, um einzutauchen in die versunkene Welt der Jahrhundertwende. *Hotel Miramonti, Loc. Pezié, Tel. 04 36 42 01*

AUSKUNFT

Associazione Albergatori di Cortina
Corso Italia 83, 32043 Cortina, Tel. 04 36 86 20 13, Fax 04 36 43 11

Azienda Promozione Turistica Nr. 1
Piazzetta S. Francesco 8, Tel. 04 36 32 31, Fax 04 36 32 35

SÜDTIROLER DOLOMITEN

Klassiker im Kletterparadies

Unverwüstlich wie der Mythos von Zwergenkönig Laurins Rosengarten ist Südtirols Image als Hoch- und Felsenburg des Dolomitentourismus

Im südlichsten Flecken des deutschen Sprachraums und Italiens nördlichster Provinz nehmen die Dolomiten nur das südöstliche Drittel der Landesfläche ein. Trotzdem gilt Südtirol vielen als Synonym für die Dolomiten: Erstens sieht jeder Italienreisende auf der Brennerautobahn zwangsläufig Schlern und Rosengarten. Die betörende Westseite hält zweitens die meisten davon ab, das Massiv weiter zu erkunden. Und drittens befinden sich – sieht man einmal vom Mythos Meran ab – die bekanntesten Südtiroler Ferienorte tatsächlich in den Dolomiten oder an ihrem Rand.

BOZEN

☛ **Stadtplan in der hinteren Umschlagklappe**
(108/B 4–5) Südtirols Landeshauptstadt (98 000 Ew.) ist ein Fokus. Auf manchmal frappierende Art bündeln sich hier all die Gegensätzlichkeiten mediterraner und Tiroler Seinsweisen. In Bozen leben seit der Zeit des Faschismus 70 Prozent Italiener. Doch konsequent gibt es für alles und jedes eine deutsche und eine italienische Variante: das von Mussolini aus dem Boden gestampfte italienische Industriegebiet mit den Arbeiterwohnsilos und die behäbigen Weingüter in den Rebhügeln an den Rändern der Stadt. Die gemütliche Tiroler Altstadt mit ihren mittelalterlichen Häusern und Laubengängen, den engen Gäßchen, dem pittoresken Obstmarkt und dem weiten, eleganten Waltherplatz. Jenseits der Talferbrücke dann das italienische Bolzano mit der streng nationalistischen Architektur des Faschismus rund um den Mazziniplatz und die Freiheitsstraße. Das Kontrastprogramm wird neuerdings erweitert: Mit den Neugründungen einer Universität und einer Europäischen Akademie sucht Bozen internationales Profil.

BESICHTIGUNGEN

Benediktinerstift
Muri-Gries heißt das Kloster mit der prächtigen Barockfassade, den 1771–73 von Martin Knoller

Eine imposante Figur: Walther von der Vogelweide in Bozen

gemalten Fresken und der Weinkellerei am *Grieser Platz*

Dompfarrkirche
Der elegante Turm aus dem 16. Jh. ist das Wahrzeichen der Stadt. Die Kirche wurde 1350 erbaut. *Am Waltherplatz*

Franziskanerkloster
Die Kirche besitzt einen Flügelaltar von Hans Klocker (1500). Für die Besichtigung an der Pforte in der *Franziskanergasse* läuten.

Grieser Pfarrkirche
Der größte Kunstschatz der Stadt ist ihre alte Pfarrkirche, in der Michael Pachers spätgotischer Schnitzaltar und das spätromanische Hepperger-Kreuz prunken. *Martin-Knoller-Straße*

Promenaden
Auf Oswaldpromenade, Guntschnapromenade und Wassermauerpromenade können Sie in südlicher Vegetation schwelgen.

Schloß Maretsch
Das seit dem 12. Jh. bestehende Schloß hoch über der Altstadt ist Tagungszentrum mit Gastwirtschaft. Im Innern Fresken aus dem 16. Jh.

Schloß Runkelstein
★ Mittelalterliche Fresken schildern die höfischen Sitten im Schloß (13. Jh.). *Hoch über Gries am Eingang zum Sarntal*

MUSEEN

Archäologiemuseum
Auf 1200 Quadratmeter Fläche leisten Exponate von der Steinzeit bis zum Frühmittelalter der sensationellen Gletscherleiche »Ötzi« Gesellschaft. *Museumsstraße 43, Tel. 04 71 98 20 98*

Merkantilmuseum
Im Barockpalazzo des früheren Handelsgerichts wird Bozens Vergangenheit als Handels- und Messeplatz dokumentiert. *Silbergasse 6, Tel. 04 71 94 57 09*

Museion
Das Museum für moderne Kunst sammelt und zeigt zeitgenössische internationale Gemälde und Skulpturen. *Sernesistraße 1, Tel. 04 71 98 00 01*

Städtisches Museum
Hier gibt es eine Übersicht über die Kultur der Vergangenheit. *Sparkassenstraße 14, Tel. 04 71 97 46 25*

RESTAURANTS

Abramo
Zwischen Mitteleuropa und Mittelmeer siedelt der Chef persönlich seine Küche im besten Lokal der Stadt an. *Grieser Platz 16, Tel. 04 71 28 01 41, Kategorie 1*

Amadé
Klassische Küche für Verwöhnte in eleganten Räumen. Schwerpunkt Fisch. *Via Ca' de Bezzi 8, Tel. 04 71 97 12 78, Kategorie 1*

Batzenhäusl
Außer Südtiroler Spezialitäten können Sie in diesem Szenentreff die Atmosphäre einer 1402 gegründeten Gastwirtschaft genießen. *Andreas-Hofer-Str. 30, Tel. 04 71 97 61 83, Kategorie 2*

Hostaria Argentieri
Der gemütliche Familienbetrieb hat eine kleine Karte mit

SÜDTIROLER DOLOMITEN

köstlicher italienischer Hausmannskost. *Silbergasse 14, Tel. 04 71 98 17 18, Kategorie 2–3*

Vögele
◆ Tiroler Gerichte nonstop zwischen 8 und 20 Uhr in der Stube der Altbozner Gastwirtschaft. *Goethestr. 3, Tel. 04 71 97 39 38, Kategorie 2–3*

EINKAUFEN

Sie bekommen in den Laubenboutiquen und in den angrenzenden Ladenpassagen und -straßen alles, was in Italien gerade modisch ist und zudem edel. Typische Südtiroler Mitbringsel finden Sie auch in den *Südtiroler Werkstätten (Laubengasse 39, Tel. 0471/97 85 90).* Im ehemaligen Sitz des Bozner Handelsmagistrats stehen geschmackvolle Stücke der Südtiroler Kunsthandwerker zur Schau und zum Verkauf. *Thun Keramik:* Die Erfinder des »Bozner Engels«, der als Souvenir beliebten Tonfigur, verkaufen auch Kachelöfen und Keramikgeschirr *(Galvanistraße 29, Tel. 04 71 24 51 11).*

HOTELS

Figl
Das einfache alte Gasthaus liegt sehr malerisch mitten in der Altstadt. Ihr Auto können Sie dort über Nacht bis 9 Uhr morgens

---

MARCO POLO TIPS
FÜR DIE SÜDTIROLER DOLOMITEN

1 Pragser Wildsee
Dunkelgrün und unergründlich: der See zu den bleichen Bergen (Seite 68)

2 Margreid
Südlichstes Gesamtkunstwerk unter den Südtiroler Dörfern (Seite 55)

3 Tierser Tal
Verwunschen und naturbelassen – der richtige Platz für den sanften Touristen (Seite 57)

4 Schloß Runkelstein
Mähler und Minne der spätmittelalterlichen Höflinge im Freskenbilderbogen (Seite 52)

5 Gardenaccia
Simulation einer Wüstenwanderung: Dolomiten einmal anders (Seite 61)

6 Wallfahrtskirche Zum Heiligen Kreuz
Seit tausend Jahren Kultplatz für Gottesanbeter und Naturapostel (Seite 64)

7 Hotel La Perla/Corvara
Draußen unauffällig, drinnen Gaumengenüsse und vorbildliche Südtiroler Gastfreundschaft (Seite 62)

8 Fischleintal
Die malerischste Möglichkeit, sich an die Drei Zinnen anzupirschen (Seite 69)

in der Fußgängerzone parken. 25 Zi., Kornplatz 9, Tel. 04 71 97 84 12, Kategorie 3

Laurin
Ein vornehmes Jahrhundertwendehotel mit sehr feinem Restaurant. 96 Zi., Laurinstr. 4, Tel. 04 71 98 05 00, Fax 04 71 31 11 48, Kategorie 1

Mondschein
Gutbürgerliches Altbozner Hotel mit einem schönen Park. 85 Zi., Piavestr. 15, Tel. 04 71 97 56 42, Fax 04 71 97 55 77, Kategorie 1

AM ABEND

Programme für Veranstaltungen wie den ✪ ✝ Bozner Sommer oder die ✪ ✝ Freilichtspiele am Ritten liegen im städtischen Verkehrsamt aus. Nachtschwärmer strömen in die Pubs ✝ *Pogue* *Mahones* (Erbengassse 10, Tel. 04 71 97 12 42), ✝ *Dixy Pub (Kapuzinergasse 6, Tel. 04 71 97 05 11)* und ✝ *New Pub (Ecke Mazziniplatz/ Freiheitsstr., Tel. 04 71 28 81 94)* in die Großdiskotheken ✝ *Nafta (Siemensstr. 14, Tel. 04 71 20 11 88),* und ✝ *Big's (Galvanistr. 39, Tel. 04 71 93 18 10).*

AUSKUNFT

Verkehrsamt der Stadt Bozen
Waltherplatz 8, 39100 Bozen, Tel. 04 71 97 06 60, Fax 04 71 98 01 28

ZIELE IN DER UMGEBUNG

Ritten und Salten (108/A–C 4)
Die beiden Hochflächen nordöstlich und nordwestlich der Stadt sind die traditionellen Wander- und Naherholungsreviere der Bozner Bürger. *Jenesien* (2450 Ew.) und *Mölten* (1250 Ew.)

Rund um Bozen wird auf zahlreichen Terrassen Wein angebaut

SÜDTIROLER DOLOMITEN

heißen die beiden Dörfer am Salten, die bekannten Siedlungen am Ritten sind *Oberbozen* und *Klobenstein* (die Gemeinde hat insgesamt 6350 Ew.). Wohin auch immer man kommt: Die beiden Sonnenbalkone geben phantastische Blicke auf die Dolomitenberge frei. Ganz besonders eindrucksvoll ist ein Ausflug zu den ❖ *Erdpyramiden* am Ritten. Eine nostalgische Tour führt mit der Tram von Anno 1907 von Oberbozen nach *Maria Himmelfahrt*. Auskunft: Bei den *Tourismusvereinen 39050 Jenesien, Tel. 04 71 35 41 96, Fax 04 71 35 40 85, 39010 Mölten, Tel. und Fax 04 71 66 82 82,* und *39054 Ritten, Klobenstein, Tel. 04 71 35 61 00, Fax 04 71 35 67 99*

ETSCHTAL

(108/B 5–6 und 114/B 1–2) Landschaftlich ist das Etschtal zwischen Bozen und Trient eine Einheit. Im breiten Talboden reihen sich Obstplantagen aneinander. Auf Terrassen und Hügeln an den Flanken wächst Wein. Wenn Sie sich fürs Spirituelle nicht nur in Gestalt von Wein, sondern auch in Form von Kirchenkunst interessieren, dann sollten Sie auf jeden Fall Einkehr halten in der *Pfarrkirche von Terlan,* einem Hauptwerk der gotischen Bozner Schule, oder in Eppans Ortsteil *St. Pauls*, den die mächtige spätgotische Pfarrkirche mit ihrem 86 m hohen Turm beherrscht. Eines der kunstgeschichtlichen Kleinodien Südtirols ist das romanischgotische ❖ *Kirchlein St. Jakob* auf *Kastellaz* über *Tramin*. Einen wunderschönen Flügelaltar von Hans Klocker (Ende 15. Jh.) nennt die gotische *Stephanskirche* von *Pinzon* bei Neumarkt ihr eigen.

Ein Gesamtkunstwerk ist ★ *Margreid* (1050 Ew.): Ansitze und behäbige Höfe drängen sich zauberschön in den engen Gassen zu Füßen des Fennbergs. In vino veritas: Was daran ist, können Sie in *Kaltern* im *Südtiroler Weinmuseum (Goldgasse 1, Tel. 04 71 96 31 68)* ergründen. In *Eppan* (11 150 Ew.) kann man in elf Edelsitzen übernachten, zum Beispiel in der *Pension Schloß Freudenstein (12 Zi., Matschatscherweg 6, 39057 Eppan, Tel. 04 71 66 06 38, Fax 04 71 66 01 22, Kategorie 1–2)* oder im *Hotel Schloß Korb (30 Zi. im Schloß, 26 Zi. in der Dependance, 39050 Missian-Eppan 2, Tel. 04 71 63 60 00, Fax 04 71 63 60 33, Kategorie 2)*. Mitnehmsel oder Mitbringsel? Natürlich Wein! Welchen, das testen Sie bei den privaten Weinbauern ❂ *Franz Haas (Villner Str. 5–6, 39040 Neumarkt-Montan, Tel. 04 71 81 22 80)* oder ❂ *K. Martini & Sohn (39050 Girlan, Lammweg 28, Tel. 04 71 66 31 56)* und in den ❂ *Kellereigenossenschaften (39057 St. Michael/Eppan, Umfahrungsstr. 17–19, Tel. 04 71 66 44 66,* oder *39018 Terlan, Silberleitenweg 7, Tel. 04 71 25 71 35)*.

In den Etschtaler Restaurants können Sie mit ein paar hundert Sorten auf den Weinkarten rechnen. Guten Ruf genießen der *Marklhof (39050 Girlan, Tel. 04 71 66 24 07, Kategorie 2),* das *Gasthaus Zur Rose (39040 Kurtatsch, Endergasse 18, Tel. 04 71 88 01 16, Kategorie 2)* oder das ❂ *Restaurant-Önothek Johnson & Dipoli (39044 Neumarkt, A.-Hofer-Str. 3, Tel. 04 71 82 03 23* oder *04 71 82 04 54, Kategorie 2).* Auskunft über die sechzehn Gemeinden: *Tourismusverband »Der Süden Südtirols«, Pillhofstraße 1, 39010 Frangart, Tel. 04 71 63 34 88, Fax 04 71 63 33 67*

ROSENGARTEN-LATEMAR

(108-109/C-D 5-6) Keine Angst vor den dräuenden Schluchten am Eingang des Gebiets! Dahinter breiten sich sonnige Hochplateaus aus, schlagen waldige Hügel besänftigende Wellen vor den schroffen Nadeltürmen von Rosengarten und Latemar. Neun kleine Dörfer bemühen sich sehr aufmerksam um ihre Gäste.

Eggental (108/C 5)

Die Bergdörfer *Eggen* und *Obereggen* sind erst in den letzten Jahrzehnten durch den Ausbau des ❉ *Ski Centers Latemar* aus ihrem Dornröschenschlaf erwacht. Das weitläufige Wintersportterrain reicht bis ins Trentino durch die Verbindung mit dem Fleimstaler Almdorf *Pampeago*. Etwas abseits liegen *Deutschnofen* (3300 Ew.) und *Petersberg* in einer sanften Wald- und Wiesenlandschaft. Nach langem umweltschützerischen Hin und Her ist der Traum der Dorfbewohner endlich wahr geworden: der einzige ❉ 18-Loch-Golfplatz Südtirols *(Golf Club Petersberg, 39040 Petersberg, Tel. 04 71 61 51 22, Fax 04 71 61 52 29, Mai–Nov.).*

Was sich die Pilger einst von der Gottesmutter erfleht haben, das kann man von den Votivtafeln in der barocken *Wallfahrtskirche Maria Weißenstein* ablesen. Eine sehr schöne spätgotische Pfarrkirche gibt es in Deutschnofen. Seinen Namen hat das im 12. Jh. gegründete Dorf übrigens von hessischen und schwäbischen Bergknappen bekommen, die hier im »deutschen Ofen« Edelmetalle aus dem Latemargebiet einschmolzen. Der »welsche Ofen« für die Fassaner hat dem Dorf *Welschnofen* (1750 Ew.) weiter taleinwärts Pate gestanden. Es ist Basis für Alm- und Felswanderungen im ❉ Rosengartengebiet. Die Traditionsziele ❉ *Frommer Alm* und die ❉ ❉ *Kölner Hütte* sind auch mit den Bergbahnen zu erreichen.

Wegen des phantastischen Szenarios ist der Touristenrummel am ❉ Karersee und Karerpaß beachtlich. Sie können sich auf den 9-Loch-Golfplatz retten *(Golf Club Karersee, Tel. und Fax 04 71 61 22 00)* oder sich zum Pferdetrekking über die Almen aufmachen mit den Vierbeinern vom Pferdehof »Sitting Bull« in der einstigen Poststation, dem ältesten Gebäude auf dem Paß *(Tel. 0471/37 66 91 und 37 66 48).* Sportliche wohnen im *Golfhotel Peter (29 Zi., Petersburg 24, Tel. 04 71 61 51 43, Fax 04 71 61 52 46, Kategorie 2)* oder im *Sporthotel Obereggen (54 Zi., Tel. 04 71 61 57 97, Fax 04 71 61 56 73, Kategorie 1).*

Beliebte Einkehr- und Jausenstationen sind die ❉ ❉ *Meierl-Alm,* die ❉ ❉ *Ganischger-Alm* und die ❉ ❉ *Zischgalm (alle Kategorie 3).* Auskunft: *Tourismusverein Eggental* mit den Informationsbüros *39050 Deutschnofen-Petersberg, Tel. 04 71 61 65 67, Fax 04 71 61 67 27, und 39050 Obereggen-Eggen, Tel. 04 71 61 57 95, Fax 04 71 61 58 48,* und beim *Tourismusverein Welschnofen-Karersee, Karerseestraße 21, 39056 Welschnofen, Tel. 04 71 61 31 26, Fax 04 71 61 33 60*

Steinegg und Tierser Tal (108-109/C-D 5)

Sanfturlauber aufgepaßt: Das Dörfchen Steinegg auf dem

SÜDTIROLER DOLOMITEN

Heuernte auf der Seiser Alm, traditionsbewußt mit Holzrechen

Buckelberg zwischen dem Eggen- und dem Tierser Tal und das ★ Tierser Tal selbst (850 Ew.) gehören zu den raren Plätzen in prominenter Lage ohne Skizirkus. Naturdenkmäler sind außer den Wänden von Latemar, Rosengarten und den Ausläufern des Schlerns die ❧ *Erdpyramiden* bei Steinegg und am Ende des Tierser Tals das wilde ❧ *Tschamintal.* Ein Postkartenmotiv ist das schindelgedeckte spätromanische ❧ *Kirchlein St. Zyprian* an der Tierser Straße in Richtung Rosengarten. Ansonsten nichts als Streicheleinheiten für strapazierte Nerven. Botanische Führungen durch die Blumenwiesen, Wirte, die mit ihren Gästen gemeinsam wandern gehen, Auslauf satt für Zappelphilipp und Konsorten. Die Speckjause schmeckt in der rustikalen ✪ *Tschamin-Schwaige* am Eingang des Tschamintals. Mit Gewißheit schlafen Sie gut in einem der vielen kleinen holzverkleideten Gasthöfen, zum Beispiel im mit Pool ausstaffierten Hotel *Piné* in *Tiers-St. Zyprian (23 Zi., Tel. 04 71 64 22 72, Kategorie 3),* im Gasthof *Weißlahnbad* in *Tiers-Weißlahnbad (30 Zi., Tel. 04 71 64 21 26, Kategorie 3)* oder in *Steinegg* im Hotel *Steineggerhof (34 Zi., Tel. 04 71 37 65 73, Fax 04 71 37 66 61, Kategorie 2).* Auskunft über das gesamte Gebiet bei der Dachorganisation *Tourismusverband Rosengarten-Latemar, 39050 Birchabruck, Tel. 04 71 61 03 10, Fax 04 71 61 03 17*

SCHLERN UND SEISER ALM

(109/D-E4) Auf Europas größte ❧ Alm (50 qkm) und auf Südtirols Symbolberg, den massigen ❧ Schlern, gibt's zweimal im Jahr gewaltige Anstürme. Das Terrain ist nur deshalb nicht vollends zum Dolodisneyland geworden, weil wenigstens der Südteil der Alm im ❧ *Naturpark Schlern* geschützt wird. Weil sich die millionenfach fotografierten und beschriebenen Dörfer *Kastelruth* (5700 Ew.), *Seis* und *Völs* (2800 Ew.) schwertun, noch irgendwie aufzufallen, haben sie sich als Zielgruppe die Gourmets ausgesucht. Mehrmals im Jahr locken die Gastronomen mit ==Spezialitätenwochen.== Inszeniert werden die kulinarischen Sessions durchweg von schönen, altertümlichen Traditionshotels. Dort können Sie auch schlafen wie die Grafen, in Kastelruth beispielsweise im 600 Jahre alten Hotel *Goldenes Rössl (23 Zi., Krausenplatz, Tel. 04 71 70 63 37, Fax 04 71 70 71 72, Kategorie 2)* oder ganz zentral im *Gasthof Zum Turm (12 Zi., Kofelgasse 8, Tel. 04 71 70 63 49, Fax 04 71 70 72 68, Kategorie 3).* In Völs am Schlern ist für Schlemmer und Kunstliebhaber das *Romantikhotel Turm (26 Zi., Tel. 04 71 72 50 14, Fax 04 71 72 54 74, Kategorie 1–2)* im Dorfzentrum die erste Adresse. Übrigens ist in Völs die alte Tradition des Heubadens wiederbelebt worden. Wenn Sie keinen Heuschnupfen haben, dann können Sie sich gesundschwitzen im Hotel *Heubad (37 Zi., Schlernstraße 12, Tel. 04 71 72 50 20, Fax 04 71 72 54 25, Kategorie 2).* Im Kulturkalender vorzumerken: die sommerlichen *Schloßkonzerte* im ◆ *Schloß Prösels* bei Völs. Auskunft: *Tourismusvereine Schlern, Krausenplatz 1, 39040 Kastelruth, Tel. 04 71 70 63 33, Fax 04 71 70 51 88, 39040 Seis, Tel. 04 71 70 70 24, Fax 04 71 70 66 00, und Seiser Alm, Tel. 04 71 72 79 04, Fax 04 71 72 78 28,* sowie *Tourismusverein, Bozner Str. 4, 39050 Völs am Schlern, Tel. 04 71 72 50 47, Fax 04 71 72 54 88*

GRÖDEN

(109/D–F 3–4) Luis-Trenker-Land am Langkofel: Der Weg zu seinem Grab gegenüber dem St.-Anna-Kirchlein von St. Ulrich ist ausgeschildert wie die anderen Kulturdenkmäler. Den engen Taleingang bei Waidbruck bewacht die stolze *Trostburg,* untrennbar verbunden mit dem Namen des Haudegens, Diplomaten und Minnesängers Oswald von Wolkenstein, einer der schillerndsten historischen Persönlichkeiten Südtirols. Die *Fischburg,* ein wehr-

Trachtenmädchen begleiten die Blasmusik im Grödner Tal

SÜDTIROLER DOLOMITEN

> **Die Marco Polo Bitte**
>
> Marco Polo war der erste Weltreisende. Er reiste in friedlicher Absicht, verband Ost und West. Er wollte die Welt entdecken, fremde Kulturen kennenlernen, nicht zerstören. Könnte er heute für uns Reisende nicht Vorbild sein? Aufgeschlossen und friedlich sollte unsere Haltung auf Reisen sein. Dazu gehören auch Respekt vor Mensch und Tier und die Bewahrung der Umwelt.

hafter Ansitz aus dem 17. Jh., schmückt St. Christina, ist aber nur von außen zu besichtigen. Die einst kühne *Burg Wolkenstein* auf dem Felsen hoch über dem Eingang ins Langental ist längst eine Ruine. Auch diese Adelssitze waren Wolkensteinscher Besitz. Das gotische *St.-Jakobs-Kirchlein* lohnt einen Ausflug. Der *Langkofel* und die mächtigen *Sellawände* – sie rufen und rufen immer noch am besten. Die ladinischen Dörfer *St. Ulrich* (4300 Ew.), *St. Christina* (1650 Ew.) und *Wolkenstein* (2400 Ew.) sind zu fast urbanen Touristenzentren angewachsen, mit allem ausgerüstet, was einem Urlauber in den Sinn kommen könnte. Spätestens seit der Grödner Alpinskiweltmeisterschaft 1970 hat das Tal einen Nimbus, der die rasant-sportlichen Urlauber lockt.

MUSEUM

Cësa di Ladins

Das Heimatmuseum St. Ulrich pflegt das ladinische Kulturgut mit Bibliothek und Grödner Talmuseum. Ausgestellt sind u. a. archäologische und geologische Funde, Holzschnitzkunst aus 300 Jahren, Hinterlassenschaften von Luis Trenker und altes Holzspielzeug. *Reziastraße 83, Tel. 04 71 79 75 54*

RESTAURANTS UND CAFÉ

Verglichen mit der sportlichen High-Tech-Ausstattung mutet die Gastronomie hausbacken an. Die in Südtirol üblichen kulinarischen Innovationen lassen hier noch auf sich warten.

Gérard

Die Grödner Küche probieren Sie am besten gleich unterm Grödner Joch. *Plan-De-Gralbach-Straße 37, Tel. 04 71 79 57 74, Kategorie 2*

Speckkeller

Der Name ist Programm, aber Sie finden in dieser rustikalen Gaststätte auch warme einheimische Gerichte. *Wolkenstein, Mëisules-Str. 300, Tel. 04 71 79 54 25, Kategorie 3*

Villa Frainela

Duftende Perspektiven für Frühstück oder Fünfuhrtee: In diesem »Tearoom« gibt es über 50 Teesorten, dazu hausgemachte Mehlspeisen, Salate oder Snacks. *Wolkenstein, Dantercëpies-Str. 66*

Waldrand

Beliebte Einkehrstation mit solider Restaurantküche, die bodenständige ladinische Kost bietet. *St. Ulrich, Furdenanstraße 9, Tel. 04 71 79 63 85, Kategorie 2*

EINKAUFEN

Unmöglich, eine Auswahl aus den Grödner Schnitzereiwerkstätten zu treffen – sie füllen mehr als zwei Seiten im Branchenbuch. Wenn Sie sich eine Übersicht verschaffen wollen, dann sollten Sie die *Musterschau des Grödner Kunsthandwerks* im Kongreßhaus von St. Ulrich besuchen. Ein Einkaufserlebnis mit bäuerlicher Tradition beschert Ihnen am zweiten Montag im Oktober der *Blättermarkt* in St. Ulrich.

HOTELS

Mehr als zehntausend Betten stehen zur Auswahl – in allen Kategorien können Sie sich auf Komfort einstellen und auf professionelle Gastlichkeit. Führend in Südtirol bemühen sich die Grödner Hotels mit ihrem *Ski Special for Kids* im Winter und den *Grödner Kinderwochen* im Sommer um Familien mit Kindern.

Hotel Hartmann

Hier hat man sich ganz und gar der Gesundheit von Körper und Seele verschrieben. *16 Zi., St. Ulrich, Rezia-Str. 308, Tel. 04 71 79 62 70, Fax 04 71 79 62 65, Kategorie 2–3*

Hotel Posta

Auf kleine Gäste wartet ein Tobezimmer, auf große die Tanzbar. Auf Wunsch gibt es auch Diätkost. *54 Zi., St. Christina, Dursan-Str. 32, Tel. 04 71 79 20 78, Fax 04 71 79 36 07, Kategorie 2*

Sporthotel Gran Baita

Ein eigenes Spielzimmer für Kinder, Garten, Hallenbad und Tennisplätze. *65 Zi., Wolkenstein, Mëisules-Str. 145, Tel. 04 71 79 52 10, Fax 04 71 79 50 80, Kategorie 1–2*

Trostburg bei Waidbruck am Eingang ins Grödner Tal

SÜDTIROLER DOLOMITEN

SPIEL UND SPORT

Die Grödner haben fast 100 km Loipen und 175 km Alpinabfahrten zu bieten. Ins Wintersportgelände gelangt man von allen drei Dörfern aus. Die *Sella Ronda* ist von Wolkenstein, von Plan de Gralba oder von den Pässen Sella-Joch und Grödner Joch aus zugänglich. Die Seilbahn zur halsbrecherischen *Langkofelscharte* ist im Winter wegen zu großer Unfallgefahr gesperrt.

Ganz anders erlebt man die Dolomiten, wenn man sich zu Fuß durch das *Langental* aufmacht zur Hochfläche der ★ *Gardenaccia*, einer wüstenähnlichen, kahlen Felswildnis. Die Kleinen kann man in einem der Gästekindergärten oder in einer Kinderskischule hüten lassen. Im Sommer kümmern sich die *Alpinschule Catores* (St. Ulrich, Rezia-Straße 3, Tel. 04 71 79 82 23) und das *Bergführerbüro Gröden* (Wolkenstein, Mëisules-Straße 146, Tel. 04 71 79 41 33) auch um Kinder.

AM ABEND

Im *Kongreßhaus in St. Ulrich*, im *Gemeindesaal von St. Christina* und im *Kulturhaus von Wolkenstein* wechselnde Film-, Heimat- oder Konzertabende. Die größte Auswahl an Diskos und Après-Ski-Lokalen mit Tanzmusik haben St. Ulrich und Wolkenstein. Volkstümliche Unterhaltungsmusik in der ✸ *Bar La Stua* (Wolkenstein, Frëina-Str., Tel. 04 71 79 50 72, im Winter), Disko-Klänge im ✝ *Le Medèl-Pub C'est la vie* (Wolkenstein, Tel. 04 71 79 52 35) oder in St. Ulrich im ✝ *Cianel* (Tel. 04 71 79 62 56), im ✝ *Weißen Rössl* (Tel. 04 71 79 84 03) und im ✝ *Mauritz* (Tel. 04 71 79 73 01).

AUSKUNFT

Tourismusvereine
– 39046 St. Ulrich, Tel. 04 71 79 63 28, Fax 04 71 79 67 49
– 39047 St. Christina, Tel. 04 71 79 30 46, Fax 04 71 79 31 98
– 39048 Wolkenstein, Tel. 04 71 79 51 22, Fax 04 71 79 42 45

ZIEL IN DER UMGEBUNG

Lajener Ried (109/D 3)

Unverdrahtetes Landleben im Dunstkreis des Grödner Tals bieten die Dörfchen auf dem Hochplateau über dem schluchtartigen Eingang ins Grödner Tal. *Albions* und *Freins, Lajen* und *Tschövas,* das *Lajener Ried* und *St. Peter* (2000 Ew.) träumen in ländlicher Abgeschiedenheit vor sich hin. Lassen Sie sich's schmecken und schlafen Sie schön im Gasthof Ansitz Fonteklaus (9 Zi., 39040 Lajen-Freins 4, Tel. 04 71 65 56 54, Kategorie 3). Auskunft: *Tourismusverein, 39040 Lajen, Tel. 04 71 65 56 33, Fax 04 71 65 55 66*

GADERTAL

(110/A 1–4) Das Grödner Joch markiert den Übergang in Südtirols zweites ladinisches Gebiet. Das Gadertal ist ein Ast mit vielen kleineren und größeren, mehr oder weniger besiedelten Zweigen, die allesamt in außergewöhnlich farben- und formenreiche Dolomitenlandschaft führen.

Hereinspaziert in den größten Vergnügungspark der Südtiroler Dolomiten! Die Dörfer im oberen Abteital arbeiten als Werbegemeinschaft *Alta Badia* zusammen. Klar, daß man zwischen *Sella* und *Sassongher,* zwischen *Pralongia, Piz La Villa* und

Kreuzkofel bis zum Umfallen laufen, loipeln und liftetln kann. Aber man wird sich obendrein nirgends besser amüsieren als hier. *Corvara* und *Kolfuschg* (1250 Ew.) teilen die fashionablen, die betont sportiven und die wohlbetuchten Nachtschwärmer unter sich. Familiär bis zünftig geht es talauswärts im Weltcup-Dorf *Stern/La Villa* und in *Pedraces* zu. *St. Kassian* direkt unter den Wänden von ☆ *Conturines* und *Lavarella* hat mächtig zugelegt und heute die meisten Vier-Sterne-Hotels von Alta Badia. Wer die Ruhe nicht missen mag, der sollte sich nach ☆ *Armentarola* zurückziehen.

MUSEUM

Pic Museo Ladin
Zu sehen sind eine Fossiliensammlung und Skelettreste von Höhlenbären. *St. Kassian, Dorf 21, Tel. 04 71 84 95 05 oder 047 18 49 08*

RESTAURANTS

La Stua de Michil
Alte Tiroler Stube mit ambitioniertem jungem Chef. Nur im Winter geöffnet. Reservierung nötig! *Im Hotel La Perla, Zentrum Corvara 44, Tel. 04 71 83 61 32, Kategorie 1*

Stria
Zum Repertoire der »Hexe« gehören in erster Linie ladinische Speisen. *Kolfuschg Nr. 18, Tel. 04 71 83 66 20, Kategorie 2*

HOTELS

Gran Ancëi
Sehr nett und persönlich geführtes Familienhotel mit guter Pensionsküche. *35 Zi., St. Kassian, Tel. 04 71 84 95 40, Fax 04 71 84 92 10, Kategorie 2*

Gran Ander
Sympathischer, engagierter und professioneller Familienbetrieb, der großen Wert auf gepflegte Hotelküche legt. *19 Zi., Pedraces, Tel. 04 71 83 97, Fax 04 71 83 97 41, Kategorie 2*

La Perla
★ Spitzenmäßig geführtes Romantikhotel mit alten Bauernstuben als Speiseräumen, einer Badelandschaft und toller Gästeanimation. *48 Zi., Corvara, Tel. 04 71 83 61 32, Fax 04 71 83 65 68, Kategorie 1*

Rosa Alpina
Ein tolles Hotel mit allem Komfort, einem Restaurant der Südtiroler Spitzenklasse und einem sicheren Landeplatz für Nachteulen. *58 Zi., St. Kassian, Tel. 04 71 84 95 00, Fax 04 71 84 93 77, Kategorie 1*

APRÈS SKI

L'Murin
Direkt von der blauen Col-Alt-Piste in die restaurierte Mühle – und ab geht die Post bei Max und seinen coolen Barkeeper-Konsorten, mit Live-Musik jeden Nachmittag zwischen 15 und 19.30 Uhr. *Neben dem Hotel La Perla, Corvara, Tel. 04 71 83 60 71*

Posta Zirm
☆ Die Fifties sind total in, und so strömen die Jungen wieder in Scharen zum Fünf-Uhr-Tee in die original möblierte Taverne dieses traditionsreichen Hotels im Zentrum. *Corvara, Tel. 04 71 83 61 75*

SÜDTIROLER DOLOMITEN

SPIEL UND SPORT

Im Sommer ganz toll für Stadtkinder: die geführten Ausflüge mit einem halben Tag Landleben auf einem Bauernhof in Runch/Pedraces.

Anmeldungen, auch zu weiteren geführten Ausflügen zu den ladinischen Bergbauernhöfen nehmen alle Tourismusvereine entgegen. Alpin- oder Tiefschneetouren organisieren die *Bergführer* von *Corvara (c/o Sport Kostner, Tel. 04 71 83 61 17)*, wo man auch die *Flugschule* für Gleitschirm und Drachen kontaktieren kann. Sehr schön ist der *9-Loch-Golfplatz* mit Traumblick auf den Sassongher *(zu erreichen über die Straße zum Campolongo-Paß)*.

AM ABEND

Abendessen in der Skihütte

Zünftige Alternative zum Amüsement im Tal. Man kann sich auf Anmeldung mit Schneeraupen hochbringen lassen zu den *Schutzhütten Cherz, Tel. 043 67 92 70, Restaurant Club Moritzino, Tel. 04 71 84 74 03*, oder *Trapper's Home, Tel. 04 71 83 66 43*.

Piano Bars

Hier finden ältere und jüngere Tanzmuffel mit Lust auf weniger wilde Live-Musik zueinander: in der Pianobar im *Hotel Salvan (Corvara, La-Sieia-Straße 20)* oder in der *Hug's Bar* im *Hotel Rosa Alpina (St. Kassian 61, Tel. 04 71 84 95 00)*.

Pubs

Die Gadertaler Pubs kombinieren oft Kneipen- mit Restaurantbetrieb. Publikumsmagneten sind das *Badia Pub* in *Pedraces (Ciaminadesstraße, Tel. 04 71 83 99 80)*, das *Black Hill Nevada* in *Kolfuschg (Col-Pradat-Straße 3, Tel. 04 71 83 61 90)* und die *Pizzeria La Bercia* mit ihrem *Pub Jandos Music Bar* in *Stern/La Villa 153 (Tel. 04 71 84 70 14)*.

AUSKUNFT

Tourismusvereine
– 39033 Corvara, Tel.
04 71 83 61 76, Fax 04 71 83 65 40
– 39030 Kolfuschg, Tel.
04 71 83 61 45, Fax 04 71 83 67 44
– 39030 La Villa, Tel.
04 71 84 70 37, Fax 04 71 84 72 77
– 39030 St. Kassian, Tel.
0471849422, Fax 04 71 84 92 49
– 39036 Pedraces, Tel.
04 71 83 96 95, Fax 04 71 83 95 73
– 39030 La Val, Tel.
04 71 84 30 72, Fax 04 71 84 32 77

ZIELE IN DER UMGEBUNG

Enneberg (110/A–B 2–3)
So heißt die Gabel des Gadertals, die von Zwischenwasser ostwärts am Kronplatz entlang und als *Rautal* weiter ins Naturparkgelände von *Fanes – Sennes – Prags* führt (2600 Ew.). *St. Vigil* ist der Mittelpunkt des touristischen Geschehens. Für die Winterurlauber wurden die sonnige Südflanke des *Kronplatz* und ein zweites Gelände am *Piz de Plaies* erschlossen. Früher einmal ist die *Marienwallfahrtskirche* im abgelegenen Dorf Enneberg Ziel der Reisenden gewesen. Ein Denkmal der Natur sind die Hochalmen von *Sennes* und *Fanes*, grüne Inseln im karstigen Felsenland. Sympathischstes Schutzhaus im Gebiet ist die *Faneshütte* (Tel. 04 74 50 10 97). Zum Schmaus in St. Vigil:

63

Im *Fana Ladina (Al Plan, Tel. 04 74 50 11 75, Kategorie 3)* servieren zwei Schwestern ladinische und südtiroler Gerichte. Kreative Menüs mit traditionellem Touch gibt es im ◆ *Tabarel (St. Vigil 60, Tel. 04 74 50 12 10, Kategorie 2)*. Übernachten können Sie im stimmungsvollen Hotel *Monte Sella (29 Zi., St. Vigil, Tel. 04 74 50 10 34, Fax 04 74 50 17 14, Kategorie 2)*. Auskunft: *Tourismusverein, 39030 St. Vigil/Enneberg, Tel. 04 74 50 10 37, Fax 04 74 50 15 66*

La Val (110/A 3)
Geologen interessieren im weltabgewandten Seitental die »Wengener Schichten« des Dolomitgesteins, Kunstfreunde besuchen das spätgotische Knappenkirchlein *St. Barbara* im Bergweiler ❖ *Alt-Wengen*. Auch hier eine Fülle von *viles*. Im Frühsommer auf keinen Fall verpassen: die Blüte der ❖ *Armentara-Wiesen*. Auskunft: *Tourismusverein, 39030 La Val, Tel. 04 71 84 30 72, Fax 04 71 84 32 77*

St. Leonhard (110/A 3)
Zweimal Kunstgenuß: Im Tal die festliche *Dorfkirche* im Rokokostil mit prächtigem Stuck und raffinierter Trompe-l'œil-Malerei, nach Fußmarsch oder Liftfahrt auf 2045 m die ★ *Wallfahrtskirche Zum Heiligen Kreuz* direkt unter den Westwänden der *Kreuzkofelgruppe*.

St. Martin in Thurn (110/A 2)
Eine Anlaufstelle für Ladinerfreunde: Das Informations- und Forschungszentrum der Ladiner, das Istitut Micurà de Ru *(Tel. 04 74 52 31 10, Fax 04 74 52 34 55)* besitzt eine umfassende Studienbibliothek, es organisiert Ladinischkurse, Ausstellungen und Kongresse. Markanter Blickfang im Dorfbild sind die *Pfarrkirche* aus dem 14. Jh. und das mittelalterliche *Schloß Thurn*. Dort ist gerade ein neues *Ladinisches Museum* im Aufbau. Es soll im Sommer 2001 eröffnet werden. In der Nähe zweigt das fast unberührte ❖ Tal von Campill in Richtung *Geislergruppe* ab. Sozialgeschichte schreiben die vielen ladinischen ❖ *viles*. Ebenfalls von St. Martin (1500 Ew.) aus schlängelt sich die Straße zum ❖ *Würzjoch* am Fuß der *Peitlerkofelgruppe* hinauf. Von dort führt die ❖ *Brixner Dolomitenstraße* am *Plosemassiv* entlang nach Brixen. Eine Abzweigung ist Zubringer für das Villnößtal. Auskunft: *Tourismusverein, 39030 St. Martin in Thurn, Tel. 04 74 52 31 75, Fax 04 74 52 34 74*

EISACKTAL

(108–109/C–D 1–4) Man muß die Autobahnschneise durchs dustere Parterre verlassen und hinauffahren auf die sonnenüberfluteten Terrassen nach ❖ *Feldthurns, Latzfons, Villanders, Verdings* oder *Barbian*. Das sind sämtlich alpine Dörfchen und haben daher alle einen phantastischen Dolomitenblick. Nehmen Sie sich im mittelalterlichen Bergwerksstädtchen *Klausen* (4400 Ew.) Zeit für einen Bummel durch die alte *Hauptgasse* mit ihren schönen Bürgerhäusern und der spätgotischen *Andreaskirche*. Oder für einen Aufstieg zum ❖ *Benediktinerinnenkloster Säben*. Auskunft: *Tourismusverband Eisacktal, Großer Graben 28 A, 39042 Brixen, Tel. 04 72 80 22 32, Fax 04 72 80 13 15*

In *Brixen* (17 300 Ew.) haben die Fürstbischöfe prächtige Bau-

SÜDTIROLER DOLOMITEN

ten hinterlassen, die *Hofburg*, den *Dom* mit seinem weitläufigen stillen Platz und dem kostbaren gotischen *Kreuzgang*. Auch kulinarisch und *via vino* kommt man gut durch Brixen. In der Altstadt gibt es etliche gemütliche Traditionsgasthäuser: ❂ *Fink (Kleine Lauben 4, Tel. 04 72 83 48 83, Kategorie 2)*, ❂ *Finsterwirt (Domgasse 3, Tel. 04 72 83 53 43, Kategorie 2–3)* und das altehrwürdige Hotel *Elephant (30 Zi., Weißlahnstr. 4, Tel. 04 72 83 27 50, Fax 04 72 83 65 79, Kategorie 1)*. Für die Jugend: die ❂ ⚕ *Diskothek Max (Fischzuchtweg 30, Tel. 04 72 80 21 90)* und das ❂ ⚕ *Pub Time Out (Dantestraße 34, Tel. 04 72 83 76 77)*. Nur ein paar Kilometer sind es zum *Augustiner-Chorherrenstift Neustift (Neustift 1, 30042 Brixen, Tel. 04 72 83 61 89)*. Auskunft: *Tourismusverein, Bahnhofstr. 9, 39042 Brixen, Tel. 04 72 83 64 01, Fax 04 72 83 60 67*

ZIEL IN DER UMGEBUNG

Villnößtal (109/D–E 3)
Eine Oase für Urlaub auf die sanfte Tour ist das zwischen Klausen und Brixen in die ❈ *Geislergruppe* abzweigende Villnößtal (2300 Ew.). Reinhold Messners Heimat stimmt mit kostbaren alten Kirchlein auf den Bergfrieden ein. So *St. Valentin* im Weiler *Pardell* bei *Teis* mit seinem gotischen Flügelaltar und die barocke *Pfarrkirche* des Hauptorts *St. Peter*, so auch das romanisch-gotische ❈ *Heiligtum St. Jakob* oberhalb des gleichnamigen Weilers, in dem ein auf 1517 datierter geschnitzter Hochaltar prunkt, oder

---

Potzblitz

Angriffe wegen seiner umstrittenen Haltung zu den Diktaturen Hitlers und Mussolinis haben nur kurze Zeit wie Gewitterwolken über dem Haupt von Luis Trenker geschwebt. In der breiten Öffentlichkeit ist er der publikumswirksamste Bergfex aller Zeiten geblieben. Immerhin: Es waren – melodramatisch genug – auch alle Wetter dabei, als der Hütebub Luis den Berg zum allerersten Mal laut und deutlich rufen hörte. Und so hat er die Initiation in seinem Erinnerungsbuch »Mutig und heiter durchs Leben« beschrieben: »Tag für Tag stand der gewaltige Felsbau des Sass Songher, lockend und drohend zugleich, vor meinen Augen... Den Fels einmal anrühren... dieser Gedanke... ließ mich nicht mehr los, bis ich eines Tages die Schafe einfach Schafe sein ließ und, von einem unerklärlichen Trieb erfaßt, hinaufstieg in die Felsrinnen, die zum Sockel der jähen Wand hinführten. Verwundert und ängstlich zugleich, griff ich in die Felsen, ... stieg höher und höher, bis ich ... sah, daß die Welt ein anderes Gesicht bekommen hatte... Aber schon flogen die ersten Wolkenfetzen über meine Wand. Ich suchte einen Rückweg. Da zischte grell, mit hartem Donnerschlag, ein Blitz über mir in den Fels. Ununterbrochen rollte der Donner. Der ganze Berg bebte. Ich dachte: So muß es auf dem Berg Sinai gewesen sein, als Gott, der Herr, seinem Diener Moses die Tafeln mit den Zehn Geboten übergab.«

Die kleine Kirche St. Johann im Villnößtal

– am Talschluß – die kleine ❄ Kirche *St. Johann* neben dem ehemaligen Edel- und Jagdhof *Ranui*. Die heutige Bauernpension ist mit schönen Freskenmotiven ausgemalt *(Ranuihof, 9 Zi., 39040 St. Magdalena, Tel. 0472 40 140, Kategorie 3)*. Zum Ausschwärmen ins geschützte Gelände des ❄ Naturparks *Puez-Geisler* ist *St. Magdalena* der günstigste Ausgangspunkt. Immer an den Wänden lang führt der ❄ *Adolf-Munkel-Weg*. Die Gegend um Teis am äußeren Rand des Tals ist Fundort der schönsten Funkelsteine im mineralienreichen Tal: Die außen unscheinbaren *Teiser Kugeln* haben ein Herz aus Amethyst. Ihre Kinder werden sich freuen, wenn Sie im Sommer mit ihnen auf 1902 m Höhe Brotzeit machen im ✡ ⚹ *Berggasthof Glatsch-Alm (St. Magdalena 64, Tel. 0472 40 038, Kategorie 3)* oder im ⚹ *Gasthaus Gschnagenhardtalm (St. Magdalena 39, Tel. 0472 40 140, Kategorie 3)*. Auskunft: *Tourismusverein, 39040 Villnöß, St. Peter, Tel. 0472 84 01 80, Fax 0472 84 03 12*

PUSTERTAL

(109/E-F 1 und 110–111/A-D 1–2) Die ❄ Pustertaler Sonnenstraße führt parallel zur chronisch verstopften Staatsstraße auf einem Mittelgebirgsplateau durch die Streusiedlung *Terenten* bis nach *Pfalzen*. Das Hauptstädtchen

SÜDTIROLER DOLOMITEN

Bruneck (12 800 Ew.) hat eine fein herausgeputzte ✪ ⚹ Altstadt mit schönen Geschäften in der mittelalterlichen *Stadtgasse* und am *Graben*. Wenn Sie Bodenständiges suchen: *Keramik Kuntner (Stadtgasse)* und die Geschäfte der *Handwebereien Ulbrich* und *Franz (Graben)* haben vielleicht etwas für Sie. Für einen Spaziergang bieten sich sehenswerte Ziele: das mittelalterliche *Schloß Bruneck,* die Kirche *Katharina auf dem Rain,* ⚜ der *Waldfriedhof* oder das *Volkskundemuseum* im Dorf *Dietenheim (Herzog-Dietrich-Straße 24, Tel. 0474 3 20 87).* Das ==Stadtmuseum== *(Bruder-Willram-Straße, Tel. 04 74 55 32 92)* zeigt internationale Grafik des 20. Jhs. Gut essen und trinken kann man im renovierten ✪ ==Künstlerstübele== vom *Weißen Lamm (Stuckstraße 5, Tel. 04 74 41 13 50,* Kategorie 2–3). Abends trifft man sich im ⚹ ==Pub Hotel Bruneck== *(M.-Pacher-Straße 6, Tel. 04 74 55 51 10)* mit seinem kleinen ==Theater im Pub== *(Tel. 04 74 55 59 58).* Auskunft: *Tourismusverein, Europastraße 24, 39031 Bruneck, Tel. 04 74 55 57 22, Fax 04 74 55 55 44*

KRONPLATZ

(110/A B 1 2) Das futuristisch gestylte Gondelnetz des Skiverbunds »Crontour« rings um den ⚜ Haus- und Skiberg hievt jährlich rund eine Million Passagiere auf den Gipfel. Kein Wunder: Der ausladende Guglhupf ist pfeilgenau zwischen den Zentralalpen und dem Dolomitenmassiv postiert, stemmt sich 2273 m hoch und ist die beste Aussichtsplattform, die man sich nur träumen lassen kann. 180 Grad des Gesichtsfeldes füllen die weißen Gipfel der Zillertaler Alpen und der Rieserferner. Den zweiten Halbkreis im Süden bilden die Pragser Dolomiten, Heiligkreuzkofel und Peitlerkofel, Tofanen, Padonkamm, Marmolada. Heute profitieren insgesamt zwölf Pustertaler Orte vom Allroundskiberg mit 85 km Pisten für die Mittelklasse der Skifahrer. Wer eine Kombination von Kronplatz und Dolomiten will, der wählt *Olang* (2650 Ew.) oder das Bergdörfchen ⚜ *Geiselsberg* als Ausgangspunkt. Sehr gut essen und wohnen kann man im Hotel *Post (38 Zi., Kirchgasse 6, Oberolang, Tel. 04 74 49 61 27, Fax 04 74 49 80 19,* Kategorie 1). *Welsberg* zählt sich als letztes der Oberpustertaler Dörfer zum Einzugsbereich des Kronplatzgebiets. Als Geburtsort des Barockmalers Paul Troger besitzt es drei Altarbilder des Meisters in der barocken *Pfarrkirche.* Die *Walde-Alm* und die *Taistner Alm* sind beliebte Rodel- und Wanderreviere. Auskunft: *Tourismusverband Crontour, Herzog-Sigmund-Straße 4A, 39031 Bruneck, Tel. 04 74 55 54 47, Fax 04 74 53 00 18,* und *Tourismusverein, Florianiplatz 4, 39030 Olang, Tel. 04 74 49 62 77, Fax 04 74 49 80 00; Tourismusverein, 39035 Welsberg, Tel. 04 74 94 11 18, Fax 04 74 94 45 99*

HOCHPUSTERTAL

(110–111/C–E 1–3) Der östliche Abschnitt des Pustertals heißt Hochpustertal. Die Orte *Prags, Niederdorf, Toblach, Innichen* und *Sexten* vermarkten ihr touristisches Sommer- und Winterangebot gemeinsam als Werbegemeinschaft Hochpustertal. Klarer Fall: Die fünf Gemeinden haben die ⚜ Drei Zinnen, die allerheiligste Dreifaltigkeit der Dolomiten, als Symbol für ihren Verbund gewählt.

Innichen (111/D 2)
Hier können Sie Kunst und Sport kombinieren. Der »Dom« von Innichen (3100 Ew.), die mächtige *Stiftskirche* aus dem 13. Jh., ist die am besten erhaltene romanische Kirche Südtirols. Besonders eindrucksvoll die Krypta, die monumentale Kreuzigungsgruppe (zwischen 1200 und 1300, anonym) und die Kuppelfresken (um 1284). Nebenan dokumentiert das *Stiftsmuseum* das kulturelle Schaffen des 769 gegründeten und somit ältesten Tiroler Stifts. Spätbarocke Kunstwerke kann man in der farbenfroh freskierten Pfarrkirche *Zum Heiligen Michael* bewundern.

Innichen ist mit seinen eigenen Anlagen am Hausberg *Haunold* und mit dem Dörfchen *Vierschach* als Ausgangsstation fürs *Skigebiet Helm* neben Sexten das eigentliche Skizentrum im Hochpustertal. Jedes Jahr im Januar ist in Innichen Start für den Pustertaler Skimarathon, der bis ins *Antholzer Tal* und zurück ins Ziel bei Olang führt. Viel Platz zum Wohnen und Schlafen haben Sie im *Hotel Panorama Leitlhof (20 Zi., Pustertaler Str. 2, 39038 Innichen, Tel. und Fax 04 74 91 34 40, Kategorie 1–2)*. Auskunft: *Tourismusverein, 39038 Innichen, Tel. 04 74 91 31 49, Fax 04 74 91 36 77*

Pragser Tal (110/B–C 2–3)
Das Gebiet (650 Ew.) gehört zum *Naturpark Fanes–Sennes–Prags* und zählt zu den unberührtesten Landstrichen in den Dolomiten. Seine Schätze: die Kameriodwiesen mit ihrer seltenen Blütenpracht; der tiefgrüne ★ *Pragser Wildsee*, in dem der *Seekofel* auf ewig sein Antlitz zu ergründen scheint; die weite Plätzwiese schließlich, die zwischen dem *Dürrnstein* und der *Hohen Gaisl* weiche Wellen schlägt und sich vom reinen Touren- und Rodelparadies durch die Autofahrstraße zu einem der gefragtesten Langlaufgebiete im Hochpustertal gemausert hat. Eine Sommerfrische im traditionellen Stil können Sie im *Gasthof Brückele* zelebrieren *(10 Zi., Außerprags 4, Tel. 04 74 74 87 57, Fax 04 74 74 86 13, Kategorie 3)*. Besonders preiswert können Sie im Pragser Tal Ferienwohnungen und Privatzimmer mieten. An der Kreuzung mit dem Pustertal macht *Niederdorf* (1300 Ew.), ein traditionsreicher Ort für die Sommerfrische, mit dem ersten Museum der Südtiroler Fremdenverkehrsgeschichte im *Haus Wassermann* auf sich aufmerksam. Auskunft: *Tourismusverein Pragser Tal, 39030 Außerprags 78, Tel. und Fax 04 74 74 86 60,* und *Tourismusverein, 39039 Niederdorf, Tel. 04 74 74 51 36, Fax 04 74 74 52 83*

Toblach und Höhlensteintal (110/C 2–3)
Kaiser und Könige sind einst in Toblach (3200 Ew.) abgestiegen. Gustav Mahler hat hier zwischen 1908 und 1910 in der Sommerfrische komponiert und gekurt. Die Patina der k. u. k. Dolomitenhochburg wird gerade frisch poliert mit der Restaurierung des alten *Grand Hotel Toblach*. Neben einer Jugendherberge und einem Naturpark-Informationszentrum wird dort ein schöner Konzertsaal für die *Gustav-Mahler-Musikwochen* im Sommer eingerichtet. Zur ba-

SÜDTIROLER DOLOMITEN

rocken Bildermeditation verlockt die Pfarrkirche *St. Johannes.* Ganz nah an die ❧ *Drei Zinnen* heran kommen Sie durch das nahezu unbesiedelte ❧ *Höhlensteintal* zwischen den Pragser und den Sextner Dolomiten. Es wirkt widerspenstig mit seiner rauhen Felsnatur, gibt aber berühmte Blicke auf die Drei Zinnen und auf den ❧ *Monte Cristallo* frei. Zudem gilt es als guter Ausgangspunkt für Wanderungen und als Dorado der Langläufer. Neuerdings ist die aufgelassene Bahnlinie zwischen Toblach und Cortina auch im Sommer zu nützen – sie wurde zum Radweg ausgebaut. Nachtquartier mit altertümlichem Charme gibt es in Toblach: *Park Hotel Bellevue (43 Zi., Tel. 04 74 97 21 01, Fax 04 74 97 28 07, Kategorie 2–3).* Auskunft: *Tourismusverein, 39034 Toblach, Tel. 04 74 97 21 32, Fax 04 74 97 27 30*

Sextner Tal (111/D–E 2)

»Schöne Welt, böse Leut«. Das war die Diagnose des Historikers und Journalisten Claus Gatterer über seine Heimat Sexten (1850 Ew.). Die ❧ schöne Welt, gefügt aus Wiesen und Lärchenhainen zu Füßen der gewaltigen *Dreischusterspitze,* der *Rotwand,* der *Drei Zinnen* und der bis zu 3000 m hohen Wände der *Sextner Sonnenuhr,* steht unerschütterlich. Die Sextner sind ihrem einstigen schwarzen Schaf aber längst nicht mehr böse. Sie halten sogar sein Gedächtnis lebendig mit ✱ Medientagen und einem Journalistenpreis. Überhaupt schauen die Sextner über die Bergspitzen hinaus. Sie schreiben einen Architekturpreis aus für vorbildliches Neues Bauen in den Alpen und reihen sich damit in die Avantgarde der Südtiroler Kulturszene ein. Womit bewiesen wäre: Der alte Pioniergeist der Sextner lebt fort.

Die Gemeinschaft der Dörfer *Sexten* und *Moos* hat schon nach dem Ersten Weltkrieg Weitblick gezeigt, als ihre Häuser dem Erdboden gleich gemacht waren. Sie engagierten die bekanntesten Künstler, Architekten und Handwerker Tirols für den Wiederaufbau. Der Maler Rudolf Stolz ist für immer in Sexten geblieben. Seine Werke zeigt das *Rudolf-Stolz-Museum,* sein beeindruckendes *Totentanz-Fresko* ist in der *Friedhofskapelle* zu sehen. Clemens Holzmeister, der Architekt des Salzburger Festspielhauses, hat das Hotel *Drei Zinnen (38 Zi., St.-Josefs-Str. 28, Tel. 04 74 71 03 21, Fax 04 74 71 00 92, Kategorie 2)* gebaut und auch das gesamte Interieur dafür entworfen. Die Hoteliers mühen sich respektvoll, das Mobiliar originalgetreu zu erhalten. Am stimmungsvollsten ist der Dämmerschoppen in der taubenblauen *American Bar.* Bestens aufgehoben sind Sie im sehr schön gelegenen Hotel *Kreuzbergpaß (53 Zi., St. Josefstraße 55, 39030 Sexten, Tel. 04 74 71 03 28, Fax 04 74 71 03 83, Kategorie 1–2).* Tummelplätze für Wanderer und Skifahrer sind die ❧ Skigebiete am *Helm,* bei den ❧ *Rotwandwiesen* und am ❧ *Kreuzbergpaß* sowie die Doppelloipe ins traumhafte ★ *Fischleintal.* Zusammen mit dem Seitenarm des ❧ *Innerfeldtals* gehört es auch im Sommer zu den schönsten Ausflugszielen im ❧ *Naturpark Sextner Dolomiten.* Auskunft: *Tourismusverein Sexten, Dolomitenstr. 9, 39030 Sexten, Tel. 04 74 71 03 10, Fax 04 74 71 03 18*

DOLOMITEN DES TRENTINO

Verbindung zwischen Nord und Süd

Alles fein beieinander: italienischer Lebensstil, ladinisches Traditionsbewußtsein und der Apfelstrudel als süßeste Reminiszenz der alten Donaumonarchie

Im Trentino legen sich die Dolomitenbewohner mächtig ins Zeug, um mit ihren Südtiroler Nachbarn mitzuhalten. Madonna di Campiglio im Brentamassiv und S. Martino di Castrozza zu Füßen der legendären Pale di San Martino sind immer schon berühmt gewesen. Längst machen aber auch das Fassatal und das Fleimstal mächtig was her – besonders im Winter mit großen, modernen Skischaukeln und dichten Loipennetzen. Im Sommer sind die mehr als 250 kleinen Gebirgsseen auf 1200 bis 3200 m Höhe eine besondere Attraktion. Ruhe finden Sie trotzdem noch reichlich, oben auf den Gipfeln und in den stillen Seitentälern. Atmosphärisch gilt für das Trentino: Hier mischen sich ladinische, italienische und tirolische Einflüsse auf aparte Weise zu einer sehr herzlichen und engagierten Gastfreundschaft.

Ideales Wandergebiet:
das Fassatal am Rosengarten

TRIENT (TRENTO)

☛ **Stadtplan in der hinteren Umschlagklappe (114/A 4–5)** Trient (Großraum 101 200 Ew., Stadt selbst 56 300 Ew.) ist zunächst unsichtbar. Autobahn und Schnellstraßen umgürten die Stadt. Ein dichtes industrielles Ballungsgebiet polstert sie ab. Doch dahinter wartet eine Überraschung: eine intakte bischöfliche Residenz, in der sich Kirchen an Schlösser und Palazzo an Palazzo reihen. Die Altstadt ist verkehrsberuhigt, so kommt sie in voller Feierlichkeit zur Geltung. Elegante Geschäfte mit schönen Fassaden, Plätze und Straßen mit Cafés machen aus ihr eine Art Freiluftsalon. Das Gemisch aus südlicher Anmut und rauher Felswildnis vermittelt am ehesten einen Blick dafür, daß Trient schon seit prähistorischer Zeit so etwas wie ein Scharnier zwischen dem Kulturraum des Mittelmeers und jenem Zentraleuropas gewesen ist. Seit 1027 regierten die Bischöfe im Fürst-

MARCO POLO TIPS FÜR DAS TRENTINO

1 Friedhofskirche S. Vigilio
Die Vergänglichkeit des Seins wird farbenprächtig gezeigt auf dem 20 Meter langen Totentanz-Fresko in Pinzolo (Seite 78)

2 Sass Pordoi
Mit der Seilbahn leicht erschwingliches Gipfelglück: bester Ausguck in der Brandung des steinernen Meers (Seite 83)

3 Via delle Bocchette
Der allerschönste aller Höhenwege durch die Dolomiten liegt in der Brenta (Seite 75)

4 Tóveltal
Aufregendes Brentatal – auch wenn die letzten Braunbären sich bedeckt halten (Seite 76)

5 Domplatz von Trient
Unnachahmliche Würde und Eleganz strahlen das Schachtelwerk der Basilika und ihr Geviert aus (Seite 72)

6 Hotel Accademia in Trient
Fürstlich schläft, wer in diesem Palazzo sein Haupt zur Ruhe bettet wie weiland die Würdenträger des Konzils (Seite 74)

---

bistum fast acht Jahrhunderte bis zur Okkupation durch Napoleon im Jahr 1796. Die markanteste Demonstration kirchlicher Macht dauerte von 1545 bis 1563: Beim Konzil von Trient stellten die Würdenträger die Dogmen der katholischen Kirche auf und schmetterten Freiheitspostulate des Protestantismus ab.

BESICHTIGUNGEN

Castello del Buonconsiglio
Castelvecchio, Magno Palazzo und *Giunta Albertiana* bilden zusammen den Regierungssitz der Bischöfe. Nach der Säkularisierung ist das stolze Schloß verfallen, erst von 1974 an konnte es die Landesregierung umfassend restaurieren lassen. Heute haben dort die Abteilung *Antike und mittelalterliche Kunst* des *Museo Provinciale D'Arte (Via Clesio 5, Tel. 0461/23 37 70 und 98 00 60)* und das *Freiheitskämpfermuseum Museo Trentino del Risorgimento e della lotta per la libertà (Via Clesio 3, Tel. 04 61 23 04 82)* ihren Sitz. Außer dem Löwenhof, der Loggia und Traumfresken sind kostbar ausgestattete Säle zu besichtigen. Sie beherbergen wechselnde Kunstausstellungen. *Via Clesio*

Dom und Domplatz
★ Dem Schutzpatron S. Vigilio ist diese verschachtelte, seit dem Jahr 1100 immer wieder erweiterte Basilika gewidmet. Sie birgt die Grabmale vieler Fürstbischöfe und Kunstschätze aus allen Epochen. Direkt neben der Apsis wurde im 13. Jh. das zinnengekrönte *Castelletto dei Vescovi* mit dem *Romediusturm* erbaut. Der Domplatz ist ein dreidimensionales Album der Kunstgeschichte mit den freskenverzier-

DOLOMITEN DES TRENTINO

ten Laubenhäusern *Case Rella* (16. Jh.) und mit der *Casa Balduini* als ältestem Freskenwohnhaus der Stadt, mit dem mittelalterlichen Stadtturm und dem *Palazzo Pretorio*. Er ist heute Sitz des *Diözesanmuseums* mit seinen Sammlungen religiöser Kunstwerke und dem Domschatz. *Piazza Duomo 18, Tel. 04 61 23 44 19*

Kirchen

Daß die Bischöfe nicht nur für sich, sondern auch für Gottes Lob bauten, zeigen beispielhaft die romanische Kirche *San Lorenzo* aus dem 12. Jh. *(Via Andrea Pozzo)*, *San Marco* aus dem 13. Jh. *(Via San Marco)*, *San Pietro* aus dem 15. Jh. *(Vicolo San Pietro)* oder die barocke *Barmherzigkeitskirche Suffragio (Via del Suffragio).* Besonders schön ist die *Chiesa S. Maria Maggiore* am *Vicolo Colico,* eines der wichtigsten Werke im Stil der lombardischen Renaissance.

Via Belenzani

◈ Die alte Prachtstraße der Bischöfe ist noch heute die schönste der Stadt. An der Ecke zum Domplatz liegt die barocke Kirche *S. Annunziata.* Ihr gegenüber der stumpfe mittelalterliche Turm *Torre Mozza* und das *alte Rathaus,* das zwischen dem 15. und dem 19. Jh. Sitz der Stadtverwaltung war. Aus dem 12. Jh. stammt die *Torre della Tromba.* In der Renaissance ist die reich verzierte *Casa Alberti Colico* als Adelssitz entstanden. Im eleganten *Palazzo Geremia* (15. Jh.) haben Kaiser und Kardinäle übernachtet. Der *Palazzo Thun* gegenüber ist im 16. Jh. entstanden und im 19. Jh. zum klassizistisch erweiterten Rathaus geworden. Lust auf noch mehr Palazzi kann man in der *Via Manci,* in der *Via Oss Mazzurana* stillen oder am *Cantone.* Das bedeutet Straßenecke und diente in Trient seit dem 13.

Neptunbrunnen auf dem Domplatz in Trient

Jh. als Name für die Straßenkreuzung, die das deutsche Viertel mit dem italienischen verband.

RESTAURANTS UND CAFÉ

Al Tino
☯ ✝ Trients beliebtester Treff für die Mittagspause ist eine turbulente Trattoria, in der man zwischen Traditionsmenüs und riesigen Salaten wählen kann. *Via Santissima Trinità 10, Tel. 04 61 98 41 09, Kategorie 3*

Bertelli
☯ Tempel der Torten und Mehlspeisen österreichischer Prägung. Der Teesalon ist ein beliebter Treff der Trentiner Bürger. *Via Oriola 29, Tel. 04 61 98 47 65*

Chiesa
Traditionsküche und Themenmenüs, z.B. rund um den Apfel, kennzeichnen die Speisekarte dieses Lokals. *Parco S. Marco, Tel. 04 61 23 87 66, Kategorie 2*

Osteria a le Due Spade
Holz und Stuck schmücken das Wirtsstubengewölbe des führenden Lokals der Stadt. Die Küche ist innovativ, gibt aber die Trentiner Wurzeln nicht preis. *Via Don A. Rizzi 11, Tel. 04 61 23 43 43, Kategorie 1*

Port'Aquila
Die klassische *trattoria* unter der Torre dell'Aquila ist ein Familienbetrieb mit solider Trentiner Hausmannskost. *Piazza Port'Aquila, Tel. 04 61 23 04 20, Kategorie 3*

Villa Madruzzo
Das feine Hotel im fürstbischöflichen Palazzo aus dem 16. Jh. steuern Feinschmecker wegen des vorzüglichen Restaurants in antiken Speisesälen an. *Loc. Cognola, Ponte Alto 26, Tel. 04 61 98 62 21, Kategorie 2*

EINKAUFEN

Amedeo Montanarini
Satte Auswahl an herzhaften Schinken und Würsten aus dem Trentino. *Via Giusti 80*

Cantina Sociale di Trento
☯ Die städtische Kellereigenossenschaft hält Trentiner Weine in guter Qualität und großer Auswahl bereit. *Via Fermi 17*

Fiera di Santa Lucia
☯ Die Christkindlmarkt-Tradition ist recht neu im Trentino, aber einen festlicheren Rahmen für die Einkäufe im Advent werden Sie kaum finden. *Auf dem Domplatz, ab Mitte Dezember*

Formaggi Trentini
Sehr viele wohlschmeckende Käsesorten aus allen Landstrichen des Trentino. *Via Vannetti 10*

HOTELS

Accademia
★ ♨ Der mittelalterliche Palazzo war einst Quartier für die Würdenträger des Konzils. Heute ist er eines der besonders schönen und gepflegten Hotels der Stadt. *44 Zi., Loc. S. Maria, Vicolo Colico 4/6, Tel. 04 61 23 36 00, Fax 04 61 23 01 74, Kategorie 1*

America
In diesem familiären Traditionshotel im Zentrum sind Sie nachts gut aufgehoben. *45 Zi., Via Torre Verde 50, Tel. 04 61 98 30 10, Fax 04 61 23 06 03, Kategorie 2*

DOLOMITEN DES TRENTINO

Aquila d'Oro
Gutbürgerlich wohnen Einkaufsbummler und Kunsttouristen mitten in der Altstadt. *19 Zi., Via Belenzani 76, Tel./Fax 04 61 98 62 82, Kategorie 2*

AM ABEND

Piano Bars
✡ ⚥ Diese Version der Musikkneipe ist zum beliebtesten Abendtreff für Junge und Junggebliebene avanciert. Betrieb ist in der Regel bis 2 oder 3 Uhr morgens. Hier eine Auswahl: *Le Bollicine (Via dei Ventuno 1, Tel. 04 61 98 20 88)* mit Jazz und Modeschauen, *La Cantinota (Via San Marco 24, Tel. 04 61 23 85 27)*, *Giubbe Rosse (Via Torre Vanga 14, Tel. 04 61 23 47 15)* serviert mexikanische Küche zu heißen Rhythmen, *Feeling (Piazza Garzetti, Tel. 04 61 23 08 68)* ist eine American Bar.

AUSKUNFT

APT Trento
Via Alfieri 4, 38100 Trento, Tel. 04 61 98 38 80, Fax 04 61 98 45 08

ZIEL IN DER UMGEBUNG

Etschtal (114/A 3–4)
Hüben und drüben von Salurn: Das Reich der Reben scheint uferlos. Die Kunst setzt einige Schwerpunkte: *San Michele all'Adige* (2050 Ew.) am Rand des Piano Rotaliano nennt das ehemalige *Kloster S. Michele* sein eigen, ein Ensemble, das zwischen dem 12. und 17. Jh. entstanden ist. Die Gebäude werden von landwirtschaftlichen Instituten genutzt und vom *Museo Provinciale degli usi e costumi della gente tridentina (Tel. 04 61 65 03 14)*. Es zeigt die wichtigsten historischen Handwerks- und Wirtschaftszweige des Trentino. Im alten Kern von *Mezzocorona* (4250 Ew.) gibt es schöne Palazzi, in *Mezzolombardo* (5300 Ew.) die gotische Kirche *S. Pietro* und das *Castello della Torre* aus dem 16. Jh.

San Micheles bekannteste und beliebteste Feinschmeckeradresse ist das Restaurant *La Cacciatora (Via Cane 133, Tel. 04 61 65 01 24, Kategorie 2)*. Der Name (»Die Jägerin«) ist Programm, auf der Menükarte dominieren Wildgerichte. Weinliebhaber sollten das *Istituto Agrario Provinciale (Via Mach 1, Tel. 04 61 65 01 11)* aufsuchen. Die traditionsreiche Landwirtschaftliche Landesanstalt der Provinz Trient ist Weinbauschule, Forschungszentrum und Kellerei mit Detailverkauf. Private Weingüter in Mezzocorona: *Conti Martini (Via Conte Martini 7, Tel. 04 61 60 39 32)*, Fratelli Dorigati *(Via Dante 5, Tel. 04 61 60 53 13)*. In Mezzolombardo: *Barone de Cles (Via Mazzini 18, Tel. 04 61 60 26 73)*. Hier steuern Feinspitze das Restaurant *Al Sole* an *(Via Rotaliana 5, Tel. 04 61 60 11 03, Kategorie 2)*.

BRENTA-DOLOMITEN

(113/D 2-4) Nur vierzig Kilometer lang und 12 Kilometer breit ist der westliche Appendix der Dolomiten. Seine Felsnadeln und -türme gehören zu den spektakulärsten Formationen. Legendär der Höhenweg ★ ✽ *Via delle Bocchette,* auf dessen schwindelregenden Bändern Bergsteiger das Massiv der Länge nach durchqueren. Nicht zu vergessen: Von den Gipfeln aus sieht man höchst imposante Nachbarn: den Ortler, den Adamello und die Presanella. Letztere bilden zusammen mit der Brentagruppe den *Naturpark Adamello-Brenta.* Kein einziges bewohntes Tal durchtrennt den riesigen Gebirgsstock, nur im Norden schneidet vom Nonstaler Dorf *Tuenno* aus das ★ *Tóveltal* tief hinein in die wilde Bergwelt der Brenta, deren Zacken sich im *Tóvelsee* spiegeln, einem Juwel des Naturparks. In der Nähe des Sees informiert ein Besucherzentrum über die letzten Braunbären des Trentino.

Die Umrundung der Brentadolomiten hat einen ganz besonderen Reiz: Die Täler rings um ihren Sockel sind voller überraschender Kontraste: Die Täler *Val Rendena, Val Meledrio* und *Val di Sole* im Westen und Norden sind hochalpin. Die Stufen und Terrassen des *Nonstals* im Osten führen allmählich hinunter in den milden Süden. Dort kann man auf dem *Paganella-Hochplateau* oder im obersten Tal der *Valli Giudicarie* wieder ganz neue, eigene Facetten des Brenta-Massivs entdecken.

MADONNA DI CAMPIGLIO

(112/C3) Der einzige Ort (750 Ew.), der untrennbar mit dem Namen Brenta verbunden ist, ist leider schrecklich verbaut. Aber die Landschaft rings um die häßliche Ente ist so spektakulär, daß die italienische Upper class trotzdem Jahr für Jahr zum Gesichtsbad kommt. So ist Madonna vor allem mondän und natürlich aufs beste ausgerüstet mit allem, was verwöhnte Sports- und Bergkameraden so brauchen. Wer den tempi passati nachtrauert, ist selber schuld. Aber schön muß es halt doch gewesen sein, damals im vorigen Jahrhundert. Als sich ein gewisser Herr Franz-Josef Österreicher als Käufer und Investor einfand, angeblich ein illegitimer Sproß der gleichnamigen Majestät. Jedenfalls kam bald nach ihm der ganze österreichi-

---

Kleines ladinisches Lexikon

Alle reden von den Ladinern, aber ihre Sprache kann keiner. Wollen Sie's mal versuchen?

Guten Morgen = *bon di*
Guten Abend = *bona sëira*
Wie geht es? = *co vála pa?*
gut = *bona*
schlecht = *mel*
Danke = *de gra*
der Himmel = *l ciel*
die Erde = *la tiëra*
der Berg = *l crëp*
die Piste = *l purtoi*
Skifahren = *jí cui schi*
die Seilbahn = *la furnadoia*

der Schnee = *la nëif*
das Zimmer = *la majon*
die Küche = *la cësadafuech*
das Frühstück = *l gusté*
das Mittagessen = *la marënda*
das Abendessen = *la cëina*
gehen = *jì*
reden = *rujené*
lachen = *rì*
tanzen = *balè*
kalt = *frëit*
warm = *ciaut*

DOLOMITEN DES TRENTINO

sche und sonstige europäische Hochadel nach Madonna di Campiglio. Selbst Kaiserin Sisi marschierte auf die Bergwiesen, die noch heute »Gärten der Königin« heißen. Relikte der touristischen Hochblüte sind auch das *Caffè Suisse* an der *Piazza Righi* und der Altbau des Hotels *Des Alpes*. In seinem zauberhaften Jugendstilsaal *Salone Hofer* eröffnen jedes Jahr kostümierte »Hoheiten« die rauschende Ballnacht zum krönenden Abschluß des »Habsburger Karnevals« (von Rosenmontag bis Freitag nach Aschermittwoch).

RESTAURANTS

Artini
Ein Traditionslokal mit klassischer italienischer Küche, Polenta steht im Mittelpunkt. Außerdem sehr gute Pilz- und Wildgerichte. *Via Cima Tosa 47, Tel. 04 65 44 01 22, Kategorie 2*

Hermitage
Hier schmecken raffiniert erneuerte Traditionsgerichte, köstlich Gegrilltes und als Nachtisch eine besonders reiche Käseauswahl. *Via Castelletto Inferiore 63, Tel. 04 65 44 15 58, Kategorie 2*

Prima o poi
Die Küche verläßt sich auf die Tradition: Hausmacherwürste, Pilzsuppe und Carbonata al Barolo gehören zu den Klassikern. *Loc. Le Pozze, Strada Statale 239, Tel. 04 65 50 71 75, Kategorie 3*

EINKAUFEN

Casa del cioccolato
Die Tradition des Knusperhauses geht auf die dreißiger Jahre zurück, es gibt Mehlspeisen und unglaubliche Variationen von Pralinen und Bonbons. *Piazza Righi 31*

HOTELS

Lorenzetti
Beispielhafte Gastfreundschaft erleben Sie in diesem gemütlich rustikalen Gebirgshotel mit weitläufigem Park und vorzüglicher Küche. *54 Zi., Viale Dolomiti di Brenta 119, Tel. 04 65 44 14 04, Fax 04 65 44 06 44, Kategorie 1*

Residence Catturani
Geschmackvolle Apartments für Wintersportler, die nicht lange laufen wollen. Man wohnt direkt an den Pisten. Zubringerdienst nach Madonna di Campiglio. *51 Apart., Passo Campo Carlo Magno, Tel. 04 65 44 04 90, Fax 04 65 44 01 86, Kategorie 2*

St. Hubertus
Service und Ausstattung stimmen. Im Garten ein geheiztes Schwimmbad, eine hoteleigene Jagdhütte und ein Häuschen am Malghette-See für Picknicks im Grünen. Dazu ein vorzügliches Restaurant und eine eigene Konditorei. *31 Zi., Tel. 04 65 44 11 44, Fax 04 65 44 00 56, Kategorie 2*

SPIEL UND SPORT

Das wichtigste zur Orientierung: Die Bergführervereinigung *Guide Madonna di Campiglio (Ufficio Guide Alpine, Tel. 04 65 44 26 34)* führt auch eine Alpinschule und eine Tourenskischule. Die 90 km Pisten stehen im Skiverbund mit Folgarida und Marilleva (50 km Abfahrten) als »Skirama Dolomiti di Brenta«. Es gibt zwei Alpin- und

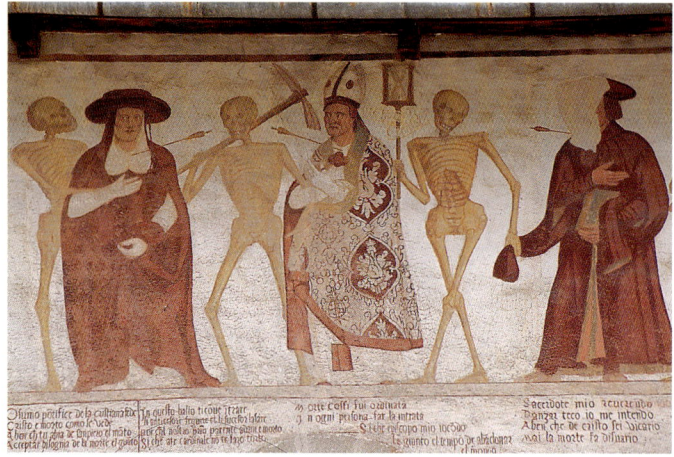
Val Rendena: Totentanz-Fresko an der Friedhofskirche S. Vigilio

eine Langlaufskischule. Zusammen haben die beiden Skigebiete ein Loipennetz von 35 km. Für Wasserfrösche gibt es das Hallenschwimmbad *(Tel. 046 54 27 66)* und ein Freibad mit Dolomitenblick *(Tel. 046 54 05 14)*. Einen 9-Loch-Platz hat das *Golf Hotel* in *Campo Carlo Magno (Tel. 04 65 44 10 03)*.

AM ABEND

Des Alpes
🕺 Diskothek. *Via Spinale 11, Tel. 04 65 44 02 33*

Stork Club
🕺 Diskothek. *Via Dolomiti di Brenta, Tel. 04 65 44 12 53*

La Zangola Disco Club
🕺 Diskothek im Ortsteil Nambino. Von Zeit zu Zeit Abende, die auch den nicht mehr ganz so Jugendlichen gefallen, beispielsweise mit Musik der 60er Jahre oder mit spanischer Musik. *Tel. 04 65 44 12 53*

AUSKUNFT

APT Madonna di Campiglio – Pinzolo – Val Rendena
38084 Madonna di Campiglio, Tel. 04 65 44 20 00, Fax 04 65 44 04 04

ZIEL IN DER UMGEBUNG

Val Rendena (112/C 3–4)
Eingezwängt zwischen Adamello und Brenta hat das westliche Grenztal eindeutig hochalpinen Charakter. Die Natur tritt spektakulär auf in den Adamello-Tälern *Val di Borzago* und *Val Genova*, wo die tosenden Nordis-Wasserfälle imposant von den Felsen hinunterstürzen. Die Kunst läßt sich da nicht lumpen. Die Kirche *S. Antonio Abate* (15. Jh.) in *Pelugo* ist ein Nationaldenkmal mit Holzaltären und einer Fülle von Fresken von Simone Baschenis di Averia aus Bergamo. Im Hauptort *Pinzolo* (3000 Ew.) ist ebenfalls ein Kunstwerk allerersten Ranges zu bewundern, die Friedhofskirche ★ *S. Vigilio* (15. Jh.). 20 m lang ist das

DOLOMITEN DES TRENTINO

Totentanz-Fresko an der Südfassade, das Simone Baschenis 1539 geschaffen hat. Im Rahmen des Trentiner Theatersommers stellen Schauspielgruppen die makabren Szenen nach. Irdische Genüsse satt gibt es in der ✝ *Eisdiele des Hotels Europeo (Corso Trento 63, Tel. 04 65 50 11 15)*. Die Gelateria ist für ihre opulenten Kreationen im Becher bekannt. In *Giustino* machen Gourmets einen Zwischenstopp beim Restaurant *Mildas (Via Rosmini 7, Tel. 04 65 50 21 04, Kategorie 2)*.

FLEIMSTAL

(114–115/C-E 1-2) Flamonienses nannten die Römer die Leute im Avisiotal, die sie im ersten Jahrhundert vor Chr. unterwarfen. Nach ihnen wird der kurze Talabschnitt kurz vor Cavalese bis Moëna Fleimstal genannt. Grenzgänger mit einem Faible für aparte Übergänge zwischen Nord und Süd werden sich hier wohl fühlen, aber auch alle, die sich für ganz besondere Variationen in Geschichte und Kunst interessieren.

Das Stichwort *Magnifica Comunità* haben Sie vielleicht schon gelesen. Das Selbstverwaltungsmodell funktioniert immer noch: Mit den Gewinnen aus der Gemeinschaftskasse finanziert die Talgemeinschaft soziale und kulturelle Einrichtungen. In allen Fleimstaler Dorfkirchen kann man Werke von Künstlern einer einheimischen Malschule bewundern. Sie war zwischen dem 17. und dem 19. Jh. besonders kreativ, zu ihren berühmtesten Mitgliedern gehörten die Brüder Francesco Sebaldo und Michelangelo Unterberger.

CAVALESE

(115/D 2) Die Silhouette von Cavalese (3550 Ew.) frappiert auf den ersten Blick. Warum wirkt dieses Städtchen bloß so besonders? Der zweite Blick bringt eine Antwort: Statt Holzscheunen und wettergebeizten Höfen findet man unversehens ein ungewöhnlich herrschaftliches italienisches Städtchen. Hier kann man alles mögliche sein: Stadtbummler *all'italiana*, Kunstgenießer, Geschichtsforscher oder Sportler in diversen Disziplinen. Der Hauptort des Fleimstals ist schon im frühen Mittelalter Sitz der *Magnifica Comunità*, Sitz bischöflicher Verwalter und Gerichtssitz gewesen. Die bischöflichen Funktionäre und reiche Bürgerfamilien haben die vielen stattlichen Palazzi gebaut.

BESICHTIGUNGEN

Banco de la Reson
Unter den Linden im Parco della Pieve steht diese kuriose Parlamentsbank. Am runden Steintisch versammelte sich jedes Jahr im August der *Comun general,* um in Anwesenheit aller Talbewohner die Probleme der Talgemeinschaft zu lösen.

Chiesa dell'Assunta
Ebenfalls im Parco della Pieve steht die romanisch-gotische Marienkirche. Bei der Restaurierung wurden wertvolle Fresken aus dem 15. Jh. freigelegt. Als Schmuck außerdem viele Werke der Fleimstaler Malschule.

Palazzo della Magnifica Comunità
Der prächtigste Palast im Zentrum gehört der Talgemeinschaft.

Die 19 Bischofswappen an der Fassade künden von den ursprünglichen Besitzern, den Fürstbischöfen von Trient. Im Palazzo sind eine Gemäldegalerie der Fleimstaler Schule und eine heimatkundliche Sammlung ausgestellt. *Museo-Pinacoteca della Comunità Generale di Fiemme, Tel. 04 62 34 03 65*

RESTAURANTS UND CAFÉ

Al Cantuccio
Feinschmecker sollten hier die *casonzei* in der Fleimstaler Version probieren, das sind abgeschmelzte Teigtaschen, gefüllt mit Kartoffeln und Rüben. Als Hauptspeise schmecken Fische aus den Bergbächen. *Via Unterberger 14, Tel. 04 62 34 01 40, Kategorie 2*

El Molin
In diesem rustikalen Kellerrestaurant können Sie sich nach Ihren Ausflügen an herzhafter Trentiner Hausmannskost stärken. *Piazza Cesare Battisti 11, Tel. 04 62 34 00 74, Kategorie 2*

EINKAUFEN

Caseificio Sociale
In der Käsereigenossenschaft Val di Fiemme-Cavalese wird Milch aus den Bergen hauptsächlich zum herzhaften Hartkäse Trentingrana verarbeitet. Er ähnelt dem Parmesankäse, würzt Suppen und Reis, schmeckt aber auch pur. *Loc. Bivio Carano*

HOTELS

Azalea
Blumig wie der Name ist der wunderschöne Garten dieses Hotels. *35 Zi., Via Cesure 1, Tel. 04 62 34 01 09, Fax 04 62 23 12 00, Kategorie 2*

Bella Costa
Unbestritten das komfortabelste und angenehmste Hotel am Platz. *38 Zi., Via Trento 34, Tel. 04 62 23 11 54, Fax 04 62 23 16 46, Kategorie 1*

SPIEL UND SPORT

Das Bergführerbüro *(Tel. 04 62 24 11 11)* organisiert Einzel- und Gruppenexkursionen in die Dolomiten und auf die Lagoraikette, Kurse in den Klettergärten von Cavalese und Pampeago. Im Winter hat man von Cavalese aus Zugang zu rund 150 km Skipisten und Loipen in den Ausflugsgebieten *Alpe Cermis, Pampeago* und *Lavazé-Paß.* Sportlicher Höhepunkt ist der Zieleinlauf der rund 6000 Teilnehmer des 70-Kilometer-Langlaufmarathons ☯ ✝ *Marcialonga* Ende Januar.

AUSKUNFT

APT della Valle di Fiemme
Via Bronzetti 60, 38033 Cavalese, Tel. 04 62 24 11 11, Fax 04 62 23 06 49

ZIELE IN DER UMGEBUNG

Predazzo (115/E 1-2)
Sieht man von den freskenbemalten Häusern im Zentrum ab, dann hat das geschäftige Industrie- und Handelszentrum (4100 Ew.) des Fleimstals fürs Auge wenig zu bieten. Trotzdem kommen schon seit dem vorigen Jahrhundert viele Urlauber. Die Gegend macht's. Sie mutet »dolomitischer« an als talauswärts Cavalese und ist tatsächlich eine

DOLOMITEN DES TRENTINO

Besonderheit: Sie ist der »geologische Garten der Alpen«. Das bedeutet: Vor geschätzten 225 Millionen Jahren war Predazzo das Herz eines aktiven Vulkans. Das Eruptivgestein über dem Dolomitkalk führt die Mineraliensammler hierher. In der *Casa del Turismo e del Artigianato* zeigt das Museo Civico di Geologia ed Etnografia *(Piazza dei SS. Filippo e Giacomo, Tel. 04 62 50 23 92)* neben einer volkskundlichen Sammlung die Felsenschätze. Außerdem organisiert es Exkursionen zum geologisch-botanisch-zoologischen ☼ *Lehrpfad am Doss Capèl.*

Ausflugsziel ist das *Valle Travignolo* mit den malerischen ☼ *tabià* von *Bellamonte* und *dem Naturpark Paneveggio-San Martino.* Großzügige Portionen herzhafter Nudel- oder Wildgerichte, sehr günstige Preise und viel Stimmung mit Musik und Gesang erwarten Sie im Restaurant *Miola (Predazzo-Miola 1, Tel. 04 62 50 19 24, Kategorie 3).* Zum preiswerten Übernachten in ländlicher Atmosphäre eignen sich die Hotels *Belvedere (14 Zi., Tel. und Fax 04 62 57 61 33)* oder *Margherita (28 Zi., Tel. und Fax 04 62 57 61 40, beide 38030 Predazzo-Bellamonte, Kategorie 3).* Auskunft: *APT della Valle di Fiemme, Piazza dei SS. Filippo e Giacomo, 38037 Predazzo, Tel. 04 62 50 12 37, Fax 04 62 50 20 93*

Tesero (115/D 2)

Der Kern des Dorfs ist um 1500 entstanden. Die Durchgänge zwischen den alten Häusern heißen *Corte.* Im Sommer zeigen die Bewohner dort vergessene Handwerke, im Winter schmücken sie die Stallfenster mit rund 80 Krippen.

Bildstock in Vigo di Fassa

FASSATAL

(109/D–F 4–6) Hier am oberen Lauf des Avisio steht die Parade der Gipfelprominenz: Latemar und Monzonigruppe, Rosengarten und Langkofel, Sella und Marmolada. Natürlich hatten die Pioniere des Alpinismus auch für dieses grandiose Ensemble einen Riecher. Zur touristischen Nummer eins unter den Tälern des Trentino ist das ladinische Fassatal freilich erst nach dem Zweiten Weltkrieg geworden, nicht zuletzt durch gewaltige Investitionen für den Wintersport: 150 km Pisten und Loipen. 100 Lifte. 15 000 Betten. 4000 Apartments – so lapidar zieht ein Talprospekt Bilanz. Was soll man auch groß sagen bei all dem Überfluß? Wen es auf die

Höhen und in die Wände zieht, der wird hier kaum wissen, wo er anfangen soll. Die Fassaladiner im Tal pflegen ihr Brauchtum mit vielen Festen. Zum Tummelplatz der Schickeria ist das Fassatal trotzdem nicht geworden. Und das hat auch etwas für sich.

CANAZEI

(109/E5) Man sieht es der modernen Siedlung (1750 Ew.) nicht an, daß sie noch um die Jahrhundertwende eines der ärmsten Fassaner Bergdörfer war. Die Dominanz der Neubauten geht aber nicht allein auf die touristische Erschließung zurück. Zwei Brände haben 1854 und 1912 fast alle Häuser vernichtet. Das einzige historische Häuserensemble aus dem 17. Jh. heißt *Magóa* und liegt nahe der Kirche. Zusammen mit den Weilern *Penia, Alba, Mazzin* und *Pecol* und mit dem etwas größeren Dorf *Campitello* fügt sich Canazei zu einer Gemeinde. Die hat vor allem die Sport- und Freizeiteinrichtungen auf intelligente Art dezentralisiert, so daß es im touristischen Großraum nicht zu Massenkarambolagen kommt.

Campitello hat neben Canazei die beste Infrastruktur. Auch dieses Dorf haben Brände zweimal in Schutt und Asche gelegt. Trotzdem hat es rund um den zinnengekrönten *campanile* noch etwas vom alten Flair bewahrt.

MUSEUM

Sägemühle La Sia

Das Ladinische Museum von Vigo di Fassa läßt hier manchmal die letzte wassergetriebene Sägemühle im Tal laufen. *Loc. Penia, Via Pian Trevisan, Tel. 04 62 60 22 86*

RESTAURANTS

El Tobià

Die sympathische Trattoria tischt Einfaches, aber Herzhaftes auf, Polenta mit Pilzen, Fleisch vom Grill. *Loc. Alba, Via Costa 188, Tel. 04 62 60 14 86, Kategorie 2–3*

La Montanara

Eine rustikale *osteria* mit großzügigen Portionen Gerstlsuppe, Kuttelsuppe oder *pasta e fasoi*, ei-

2423 Höhenmeter erschließen die Lifte in Canazeis Skigebiet Belvedere

DOLOMITEN DES TRENTINO

nem Bohnen-Nudel-Eintopf. *Via Dolomiti 147, Tel. 04 62 60 13 52, Kategorie 3*

EINKAUFEN

Andrea Sorapera
Dem jungen Bildhauer kann man in seiner Werkstatt direkt an der Talstation der Ciampac-Seilbahn beim Schnitzen zuschauen. *Loc. Alba, Via Costa 101, Tel. 04 62 60 24 27*

Rinaldo Cigolla
Zu den bekannten Fassaner Meistern gehört Rinaldo Cigolla mit seinen eigenwilligen Skulpturen aus Holz und Bronze. *Via Pareda 48, Tel. 04 62 60 12 90*

Valentini
✪ Eine Enoteca mit zweitem Standbein: aromatisierte Schnäpse als Alternative zum Wein italienischer und internationaler Herkunft. Außerdem sind Berghonig und getrocknete Pilze zu haben. *Via Rio Antermont 2, Tel. 04 62 60 11 34*

HOTELS

Ein Kult- oder Nostalgiehotel sucht man vergeblich. Wenn Ihnen Canazei zu turbulent ist, dann sind die eingemeindeten Dörfer oder die Hotels an den Pässen das richtige für Sie. Für längere Aufenthalte finden Sie auch eine reiche Auswahl an Apartments und Ferienwohnungen.

Col di Lana
Tags in bester Startposition für Ski- und Gipfeltouren, nachts Bergeinsamkeit. *34 Zi., 38032 Passo Pordoi, Tel. 04 62 60 12 77, Fax 04 62 60 10 83, Kategorie 2–3*

Medil
Ein Modulsystem verwandelt jedes Zweibett- zum Mehrbettzimmer. *43 Zi., 38031 Campitello, Via Pènt de Séra, Tel. 04 62 75 00 88, Fax 04 62 75 00 92, Kategorie 1*

Pareda
Quartier für Automuffel: Zur Talstation der Kabinenbahn Pecol sind es nur ein paar Schritte. *24 Zi., 38030 Canazei, Via Pareda, Tel. 046 26 15 00, Kategorie 2*

SPIEL UND SPORT

Am schönsten wogt das Gipfelmeer, wenn man sich von der Seilbahn auf den 2950 m hohen ★ *Sass Pordoi* tragen läßt. Im Winter können exzellente Skifahrer durch die *Pordoischarte* oder das *Val Mezdí* zu Tal fahren. Highlights für Höhenwanderer: das *Contrintal* zur *Marmolada*, das *Durontal* und das *Udaital* ins *Rosengartengebiet*. Bei Gipfeltouren führen und beraten die Bergführer *Ciamorces de Fasha (Tel. 04 62 75 04 59)*. Sommerskilauf auf der *Marmolada*, im Winter sind Campitello und Canazei Einstiegsorte für das *Skikarussell Sella Ronda*. Von Canazei/Alba aus ist zusätzlich das Skigebiet *Ciampac* zu erreichen. Im Langlaufzentrum *Centro Fondo Fassa (Loc. Baita al Parco, Tel. 046 26 20 35)* gewinnt man Orientierung über das Loipenlabyrinth. Eisstadion in *Alba (Via Costa 123, Tel. 04 62 60 24 99)*, Hallenschwimmbad in *Pian Pareda (Tel. 04 62 60 13 48)*.

AUSKUNFT

APT della Valle di Fassa
Via Costa, 38030 Canazei Alba, Tel. 04 62 60 24 66 und 04 62 60 25 94, Fax 04 62 60 22 78.

Moëna ist vor allem wegen seiner Lage anziehend

Informationsbüros in *Campitello, Tel. 04 62 75 05 00*, in *Alba, Tel. 04 62 60 13 54*, und in *Mazzin, Tel. 04 62 76 71 96*

ZIELE IN DER UMGEBUNG

Moëna **(109/D–E 6)**
Das Gütesiegel »Fee der Dolomiten« für den größten Ort im Fassatal (2600 Ew.) gilt seinem imposanten Rahmen: Latemar, Rosengarten und Monzonigruppe. An die Vergangenheit erinnert die gotische Kirche *S. Vigilio.* Gleich nebenan steht *S. Wolfango*, das älteste Kirchlein im Dorf. Wie die Faßbinder des 19. Jhs. gearbeitet haben, kann man sich in der Botega da Pinter *(Via Dolomiti 3, Tel. 04 62 57 35 74)* anschauen, einer Außenstelle des Ladinischen Museums von Vigo. Für Feinschmecker: Die Edelrestaurants *Malga Panna (Via Costalunga 29, Tel. 04 62 57 34 89, Kategorie 1)* und *Navalge (Loc. Navalge, Via dei Colli 4, Tel. 04 62 57 39 30, Kategorie 1).* In Moëna arbeiten noch viele Holzschnitzer, die meisten Geschäfte finden Sie in der *Via Löwy* oder im Dörfchen *Soraga.* Über den Paß *Pellegrino* kommen Sie nach *Falcade* im Belluno. Strategisch günstig zwischen Marmolada und Pale di San Martino wohnen Wanderer und Skifahrer im Hotel *Monzoni (87 Zi., am Passo S. Pellegrino 13, Tel. 04 62 57 33 52, Fax 04 62 57 44 90, Kategorie 2).* Die Brettlfans haben von Moëna aus Anschluß an die *Skiarena Tre Valli.* Der Langlaufmarathon Marcialonga startet traditionell in Moëna. Auskunft: *Ufficio Turistico, Piazza Cesare Battisti 33, 38035 Moëna, Tel. 04 62 57 31 22, Fax 04 62 57 43 42*

DOLOMITEN DES TRENTINO

Vigo di Fassa (109/E 5)
Schon von weitem zieht die gotische Kirche *Santa Giulia* mit ihrem Christophorusfresko die Blicke an. Die Mauritiuskapelle nebenan ist vermutlich das älteste Heiligtum des Fassatals. Sehenswert auch die große gotische Kirche *S. Giovanni* in Vigos Ortsteil S. Giovanni. Ein Freskenzyklus des 15. Jhs. schildert das Leben des Schutzpatrons. Das ==Ladinische Museum Majon Fashegn== in *San Giovanni* (Tel. 04 62 76 42 67) dokumentiert das Brauchtum der Fassaladiner. In der Außenstelle in *Pera di Fassa* unterhält das Museum auch noch die alte ==Getreidemühle Molin de Pezol== (Via Giumela 6, Tel. 04 62 76 40 89). Ideales Wandergebiet im Rosengarten ist die *Almlandschaft Ciampediè*, sie ist zugleich neben den Liften am Passo di Costalunga ein Skigebiet von Vigo. Von *Pozza di Fassa* aus ist das blumenreiche *Valle di S. Nicolò* zu erreichen.

VALLE DI PRIMIERO

(116/A 1–4) Die wenigsten kennen den Namen dieses Tals zwischen dem Passo Rolle und den Dolomiten von Feltre. Das kolossale Amphitheater der Pale di S. Martino und das legendäre S. Martino di Castrozza stellen alles andere in den Schatten. Zu Unrecht: In den versteckten Winkeln der Seitentäler ist es genauso schön.

SAN MARTINO DI CASTROZZA

(116/A 2) Immerhin: Ein paar Jahrhundertwende-Tempel lassen keinen Zweifel daran aufkommen, daß die dolomitensüchtigen ausländischen Alpinisten auch diesen Ferienort (600 Ew.) der Superlative lanciert haben. Die alte Pracht hat der Erste Weltkrieg zerstört, der Wiederaufbau geriet – wie anderswo auch – ziemlich trivial. Altertümer? Die Kirche steht noch im Dorf mit ihrem Turm aus dem 13. Jh. Als einziger erinnert er daran, daß das fashionable San Martino fromm und klein angefangen hat: Im Jahr 1000 als Benediktinerkloster mit Pilgerhospiz. Die Wucht der zerklüfteten Pale di San Martino läßt jede Art von Menschenwerk ohnehin zu sonderbarer Winzigkeit schrumpfen, auch das Besucherzentrum für den Naturpark *Paneveggio-Pale di San Martino*. Daß die Bergwelt den Urlaubern nicht ganz die Sprache verschlägt, dafür sorgt die besänftigende Routine in den Straßen und Gassen, in den Eisdielen und Cafés, wo sich sportlich gestyltes Jungvolk mit Rucksack oder Snowboard auf der Schulter genauso zum Dorfbummel und -tratsch einfindet wie die eleganten Mamas und Papas mit ihren Kinderkarren.

RESTAURANT

Anita
Sehr einladende, freundliche Trattoria mit besonders köstlichen Nockerln in verschiedenen Variationen. *Via Dolomiti 6, Tel. 04 39 76 88 93, Kategorie 2*

HOTELS

Des Alpes
Nostalgisches Flair und moderne Führung sind im Grand Hotel kein Gegensatz. *60 Zi., Via Passo Rolle 118, Tel. 04 39 76 90 69, Fax 04 39 76 90 68, Kategorie 1*

Orsingher

🔸 Zentrumsnähe und Traumblick auf die Pale, gepflegte Zimmer und ein sehr gutes Restaurant nur für die Hausgäste. *32 Zi., Via Passo Rolle 55, Tel. 04 39 76 85 44, Fax 04 39 76 90 43, Kategorie 2*

SPIEL UND SPORT

Bergführer vermittelt das *Ufficio Guide Alpine (Via Passo Rolle 167, Tel. 04 39 76 87 95)*. Unterricht bietet die *Alpinschule Scuola Italiana di Alpinismo di S. Martino di Castrozza e Primiero* an *(Via Passo Rolle, Tel. 04 39 76 87 95)*. Beide informieren auch über das fünftägige 🏃 Skitrekking *Haute Route der Dolomiten*. Konventionelle Skifahrer finden am Passo Rolle, an der Malga Ces und an der Cima Tognola 70 km Pisten mittlerer Schwierigkeit. Das Loipennetz ist etwa 75 km lang. Ganz nah an die Felsspitzen führen winters und sommers Ausflüge zur 🔸 *Baita Segantini* (2228 m). Schweißfrei kommt man am höchsten hinauf mit der Seilbahn zum *Rifugio Pedrotti* (2581 m) am *Passo della Rosetta*.

AM ABEND

Taverna Tabià

Auch das Nachtleben in der einzigen Disko schont die Nerven: Sie wirbt mit Musik für die ganz jungen Alten, die mittlere bis späte Beatles-Generation. *Via Passo Rolle, Tel. 04 39 76 86 01*

AUSKUNFT

APT

Via Passo Rolle 165, 38058 San Martino di Castrozza, Tel. 04 39 76 88 67, Fax 04 39 76 88 14

ZIEL IN DER UMGEBUNG

Fiera di Primiero (116/A 3)

Der weite Talkessel Conca di Primiero schafft eine großzügige Bühne für die Südseite der Palagruppe. Sehenswert ist der historische Kern dieses ehemaligen Bergwerkszentrums. Deutsche Knappen haben Mitte des 15. Jhs. die *Fiera* gegründet, den namensstiftenden Markt. Die einstige Bedeutung repräsentiert der reich mit Wappen und Fresken verzierte *Palazzo del Dazio* (15. Jh.), die Generaldirektion der Bergwerke. Vor dem Palazzo steht das Geburtshaus von *Luigi Negrelli*, dem Architekten des Suez-Kanals. Ganz in Holz gehalten ist das schöne alte *Pfarrhaus*. Das eingemeindete Dorf Tonadico fällt auf durch seine uralten Freskenhäuser. Zum Wohnen und Schmausen empfiehlt es sich auch. ✛ Treffpunkt sind die Freizeiteinrichtungen und Restaurants des Hotelverbunds *Park Hotel Iris* (68 Zi., Via Roma 26, Tel. 04 39 76 20 00, Fax 04 39 76 22 04, Kategorie 2) und *Albergo Ristorante Tressane* (38 Zi., Via Roma 30, Tel. 04 39 76 22 05, Fax 04 39 76 22 04, Kategorie 2). Unbedingt anschauen: das 🔸 Val Canali, das tief in die Pala-Felsen schneidet. Die spiegeln sich wie eitle Stars im kleinen *Welsperg-See*. Zwischen Bergführern und Kletterern speist man zünftig im *Rifugio La Ritonda (Loc. Sabbionade Val Canali, Tel. 04 39 76 22 23, Kategorie 3)*. Im Bauernhof *Agritur La Casera (Loc. Pireni, Tel. 043 96 46 61, Kategorie 3)* kann man preiswert essen und übernachten. Auskunft: *Ufficio Informazioni: 38054 Fiera di Primiero, Tel. 043 96 24 07 oder 043 96 29 85, Fax 043 96 29 92*

ROUTEN IN DEN DOLOMITEN

Imposante Gipfel, schöne Täler

Die hier beschriebenen Routen sind in der Übersichtskarte im vorderen Umschlag und im Reiseatlas ab Seite 108 grün markiert

① SELLA RONDA - SKITOUR DURCH VIER TÄLER

Dieser rund 26 Kilometer lange Rundparcours mit 4500 Höhenmetern gilt als eine der schönsten Ski-Tagestouren im Alpenraum. Mit einem einzigen Skipaß bretteln Sie rund um den Sellastock, lernen dabei die Wintersportreviere der Täler Alta Badia, Buchenstein, Fassa und Gröden kennen und deren Gipfelpanoramen lieben.

Die Skipaßbüros und Liftstationen von *Arabba, Canazei, Campitello, St. Christina, Wolkenstein, Kolfuschg* und *Corvara* halten einen detaillierten Tourenplan mit Fahrzeiten bereit. Den sollten Sie unbedingt einstecken, denn einige Richtungspfeiler auf der an sich gut gekennzeichneten Strecke zeigen eher ins Ungewisse. Einsteigen ins Skikarussell können Sie in allen genannten Orten, möglich sind immer Fahrten im Uhrzeigersinn und gegen ihn. Einstieg mit Fahrt in Uhrzeigerrichtung ist *Corvara (S. 62f.)* im *Alta Badia*. Mit der Gondelbahn Piz Boé geht's auf die Bergspitze *Crep de Mont*, wo Sie erste Blicke aufs traumhafte Gipfelmeer werfen können, bevor Sie auf zwei leichten Pisten hinunter nach *Arabba (S. 40f.)* schwingen. Von dort surren die Seil- und Gondelbahnen hoch zur *Porta Vescovo (S. 40)*, einem Genußskiberg, der Sie sicher zu ein bis zwei außerplanmäßigen Abfahrten reizen wird. Um nicht in Zeitnot zu geraten, sollten Sie freilich in keinem Skigebiet allzu lange Zwischenstopps einlegen. Um vor der Schließung der Lifte zwischen 16 und 16.30 Uhr wieder den Startpunkt zu erreichen, müssen Sie sich an die Empfehlung der Liftgesellschaften halten, daß die Aufstiegshilfe aus der letzten Talsohle in der Runde spätestens um 15 Uhr benutzt werden soll.

Eine Pistenvariante führt Sie von der *Porta Vescovo* zu den Sesselliften am *Pordoj-Paß*, wo Sie das Tal *Buchenstein* verlassen und ins *Fassatal* wechseln. Die sonnenüberglänzten Hänge von *Canazeis (S. 82f.)* Skigebiet zwischen *Sass Beccé* und *Col dei Rossi* sind verführerisch mit ihren faszinierenden Ausblicken auf das *Rosengartenmassiv*. Doch Sie werden begeistert bleiben, wenn Sie mit der Gondelbahn von *Pian Prataces* hinüberwechseln zu *Campitellos*

(S. 82f.) Pisten am *Col Rodella.* Oder wenn Sie über das *Sellajoch* nach *Plan de Gralba (S. 61)* in *Gröden* hinunterschwingen, um von dort mit den Liften am *Piz Sella* ganz nah an den Fuß des mächtigen Felsriesen *Langkofel* heranzukommen. Dieser Abstecher ist auch deshalb ein Muß, weil im *Rifugio Comici (Tel. 04 71 79 41 21)* täglich frischer Fisch vom Mittelmeer serviert wird.

Von *Plan de Gralba* sind Sie schnell in *Wolkenstein (S. 59ff.),* von dort bringt Sie die Dantercëpies-Gondelbahn in Richtung *Grödner Joch.* Mit leichten Abfahrten nach *Kolfuschg (S. 62f.)* und *Corvara* können Sie die Tour ausklingen lassen. Übrigens: Mit Hilfe von Liften und Bussen ist die Sella Ronda jetzt auch im Sommer auf Schusters Rappen zu absolvieren. Die neuen Wanderkarten liegen in allen Tourismusbüros an der Strecke aus.

② LADINISCHE KULTUR - DIE WEILER IM GADERTAL

Diese Tagesfahrt mit rund 80 Kilometern Autofahrt auf kurvigen Bergstraßen und mehreren Spaziergängen in beliebiger Länge ist ein Ausflug in die Geschichte und Kultur der ladinischen Bergbauern.

Viles heißen die Weiler in ladinischer Sprache, die ältesten erhaltenen stammen aus gotischer Zeit. Sie liegen auf Höhen zwischen 1200 und 1600 Metern und sind in den Gadertaler Dörfern *Enneberg, Campill* und *La Val* besonders zahlreich. Die wettergegerbten Ensembles machen anschaulich, wie die ladinischen Bergbauern gearbeitet und gelebt haben und zum Teil noch leben: als autarke Gemeinschaft mehrerer Familien, die sich die fetten und die mageren Felder teilte, die Dorfbrunnen, die Mühlen, Backöfen oder Trockengerüste für Bohnen gemeinsam baute und benutzte. Zu erreichen sind die *viles* am einfachsten von *St. Lorenzen* bei *Bruneck* aus, wo die Straße ins Gadertal von der Pustertaler Straße abzweigt. In der kleinen Siedlung *Zwischenwasser* biegen Sie links ab nach *St. Vigil (S. 63f.),* von dort kurven Sie hoch zum Bergdorf *Enneberg (S. 63f.)* vor der Felskulisse der *Pragser Dolomiten.* Die meisten Weiler liegen in Sichtweite zueinander und sind durch Steige, Wege und schmale Zufahrtsstraßen miteinander verbunden. Sie können im Prinzip jeden Gadertaler Weiler im Auto ansteuern, sollten sich aber zwischendurch Zeit für kurze Spaziergänge nehmen, um die wunderschöne Landschaft zu genießen. Wie auch immer: Im Westen von Enneberg erreichen Sie die Weiler *Ciaseles, Corterëi* und *Frontii. Ciaseles* ist vor etwas mehr als hundert Jahren niedergebrannt, doch die Bewohner haben die Siedlung damals originalgetreu wieder aufgebaut. Der fächerförmig angelegte Weiler *Frontii* besteht aus nur drei Häusern in Pilzform mit gemauerten Grundgeschossen und ein bis zwei weit vorstehenden Obergeschossen aus Holz. Nordwestlich von Enneberg kommen Sie zum gotischen Einzelhof *Biëi Defora,* dem Vorposten des wunderschönen Weilers *Biëi Daéte.* Nördlich von Enneberg liegen *Fordora,* der Weiler mit den prächtigsten Holzbauten des Ennebergtals, und sein Nachbarweiler *Frêna.*

ROUTEN IN DEN DOLOMITEN

Um von Enneberg weiter zu den Weilern von *Campill* zu gelangen, müssen Sie zurück nach Zwischenwasser und dem Wegweiser nach *Corvara* folgen. Von der Gadertaler Straße zweigen Sie hinter *Piccolein* rechts ab nach *St. Martin in Thurn,* wo links die Straße zum Bergdörfchen *Campill* am Fuß des *Peitlerkofels* abzweigt. Von dort aus sollten Sie wandern und für den gesamten Spaziergang von rund 6 km etwa 1 ½ Std. einkalkulieren. Ein markierter Pfad führt am *Seres-Bachs* nach *Seres,* in einen der schönsten und intaktesten Weiler des Gadertals. Folgen Sie dem Weg am Seres-Bach weiter, so gelangen Sie ins *Tal der Mühlen.* Die Bewohner von *Seres* und des Nachbarweilers *Misci* haben hier einst ein System von Schleusen, Sperren und Holzrinnen entwickelt, um ihre acht Mühlen mit dem Bachwasser anzutreiben.

Zurück nach *Campill.* Und zurück auf die Gadertaler Straße bis *Pederoa,* von dort zwei Kilometer Bergstraße bergauf bis *La Val* am Beginn eines kleinen Hochtals mit traumhaften Perspektiven auf *Peitlerkofel, Gardenaccia, Geislergruppe* und die mächtige *Kreuzkofelgruppe.* Hier versteht man, warum die Erbauer der Höfe oftmals kleine Gucklöcher in die Holzbalkone geschnitten haben: damit schon die Kleinsten die allerbesten Aussichten haben. Von La Val fahren – oder gehen – Sie durch die Wiesen hinauf nach *Runch,* einem der schönsten Weiler des Gadertals. Der Dorfplatz ist zur Talseite hin offen und erlaubt so Dolomitenblicke, die ihresgleichen suchen. Am auffälligsten ist ein zur Gänze gemauertes Haus. Es ist gotisch und war einst Gerichtssitz. Auf dem Rückweg von Runch nach La Val kommt man über den Weiler *Ciablun* zu den Ruinen der alten Pfarrkirche von La Val und dem Kirchlein *St. Barbara.*

Vor der etwa vierzigminütigen Rückfahrt über *Pederoa* und die Gadertaler Straße nach *St. Lorenzen* stärken Sie sich am besten im *Gasthof Ciurnadú (7 Zi., Ciurnadú, La Val, Tel. 04 71 84 31 45, Fax 0471843356, Kategorie 3).*

③ ANELLO ZOLDANO – RUNDWEG IM FELS

 Sechs Tage sind Sie zu Fuß unterwegs, wenn Sie im Belluno das Val di Zoldo auf Höhenwegen gefahrlos an den Sockeln phantastischer Dolomitenmassive umrunden.

Fast schon ein Mythos sind die *Höhenwege der Dolomiten (S. 15),* auf denen das Gebirge in Nord-Süd-Richtung durchquert werden kann. Zu Recht: Selbst für Normalbergsteiger sind sie die schönste Möglichkeit, sich durchs Felsenreich zu bewegen. Speziell im Hochsommer sind berühmte Streckenabschnitte wie die Pfade zu den *Drei Zinnen* jedoch ziemlich überlaufen. Als Alternative zu den beliebten klassischen Routen bietet sich der Rundweg im *Valle di Zoldo* an. Er führt Sie in sechs unterschiedlich intensiven Wandertagen auf Höhen zwischen 1500 und etwas mehr als 2000 Metern im großen Bogen um das Tal, bringt Sie ungefährdet ganz nah heran an die imposanten Riesen *Civetta* und *Monte Pelmo,* aber auch in die noch recht einsame *Bosconero-Gruppe.*

Sie müssen keineswegs die gesamte Route absolvieren, können

jederzeit wieder aus dem Ring von Zoldo aussteigen und von einem der Schutzhäuser ins Tal zurück. Ende Juni, wenn die Bergwiesen blühen, oder im September, wenn die Sicht am klarsten ist, werden Sie die zauberhaftesten Natureindrücke sammeln. Außer stabilem Schuhwerk und einer allen Wettern gewachsenen Bergsteigerkluft brauchen Sie für die Exkursion eine gute Gebietswanderkarte. Es gibt außerdem – auch in deutscher Sprache – Bücher mit detaillierten Beschreibungen des Rundwegs. Wo die Basisliteratur zu haben ist, sagt Ihnen das Informationsbüro in *Forno di Zoldo (S. 41f.)*. Dort beginnt die Rundtour.

Müssen Sie die Kondition erst wiederbeleben, sollten Sie den Ausflug gegen den Uhrzeigersinn anpacken, mit täglichen Wanderzeiten zwischen drei und fünf Stunden. Wenn Sie schon fit sind, können Sie im Uhrzeigersinn mit den sieben bis zehn Stunden Gehzeit erfordernden Etappen beginnen. Für diese Variante nun der Wegverlauf mit den Schutzhütten zum Rastmachen und übernachten: Von *Forno di Zoldo* sind es zwei Stunden zur kleinen Hütte *Rifugio Sora 'L Sass (10 Betten, Bewirtung, Handynummern der jährlich wechselnden Hüttenpächter beim Informationsbüro)*. Bis zum Schutzhaus *Rifugio Pramperet* (auch *Sommariva* genannt, *43 Betten, Gastwirtschaft, wieder nur wechselnde Handies*) sind vier Stunden Wanderzeit zu kalkulieren. Weitere vier Stunden dauert die Wanderung zum *Rifugio S. Sebastiano (30 Betten, Restaurant, Tel. 043 76 23 60)*. Diese erste Tagesetappe ist mit zehn Stunden Gehzeit gewiß ein Marathon. Sie können es sich natürlich auch leichter machen, müssen dann allerdings die hier beschriebenen Tagesprogramme entsprechend variieren.

Für die zweite Tagesstrecke zum *Rifugio Sonino al Coldai (80 Betten, Restaurant, Tel. 043 76 23 60)* ist eine Gehzeit von sieben Stunden einzuplanen. Die Landschaft ist in diesem Abschnitt ganz besonders beeindruckend, denn sie führt an den mächtigen Wänden des 3220 Meter hohen *Monte Civetta* entlang.

Landschaftlich am spektakulärsten ist Etappe drei vom *Civetta* zum *Monte Pelmo*. Das Schutzhaus *Rifugio Venezia (75 Betten, Bewirtung, Tel. 04 36 96 84)* an seinem Sockel ist in vier Stunden zu erreichen.

Die Etappen vier, fünf und sechs sind kürzer und können daher auch mit Gipfelbesteigungen kombiniert werden. Drei Stunden Gehzeit um den *Monte Penna* liegen am vierten Tag zwischen dem *Rifugio Venezia* und dem *Rifugio Talamini (20 Betten, Bewirtung, Tel. 043 58 23 31)*.

Von dort sind Sie am fünften Tag in etwa drei Stunden beim *Rifugio Remauro (22 Betten, Bewirtung, Tel. 043 57 41 87)* in der Nähe des *Cibiana-Passes* mit malerischer Almlandschaft und vielen *tabià*.

Am Kamm der Bosconero-Gruppe entlang führt Sie die sechste Tageswanderung in rund drei Stunden zum *Rifugio Bosconero (40 Betten, Bewirtung, Tel. 043 77 85 66)* im Amphitheater der Gipfel *Sforniói*, *Rocchetta Alta* oder *Sasso di Toanella*. Am letzten Tag können Sie von hier aus in ein bis zwei Stunden nach *Forno di Zoldo* absteigen.

PRAKTISCHE HINWEISE

Von Auskunft bis Zoll

Hier finden Sie kurzgefaßt die wichtigsten Adressen und Informationen für Ihre Dolomiten-Reise

AUSKUNFT

Azienda di Promozione Turistica Delle Prealpi e Dolomiti Bellunesi
Informationen über die Provinz Belluno. *Via Psaro 21, 32100 Belluno, Tel. 04 37 94 00 83 und 04 37 94 00 84, Fax 04 37 94 00 73, Internet sunrise.it/dolomiti*

Südtirol Tourismus Werbung
Informationen über die Provinz Bozen. *Pfarrplatz 11, 39100 Bozen, Tel. 04 71 99 38 08, Fax 04 71 99 38 99*

Azienda per la Promozione Turistica del Trentino
Informationen über die Provinz Trient. *Via Romagnosi 3, 38100 Trento, Tel. 04 61 83 90 00, Fax 04 61 26 02 45, Internet provincia.tn.it/apt*

ENIT
Staatliches Italienisches Fremdenverkehrsamt. *60329 Frankfurt, Kaiserstr. 65, Tel. 069/23 74 34, Fax 23 28 94*

Punto Trentino
Das Trentino hat nun eine eigene Informationsstelle in Deutschland: *Maximilianstr. 40, 80539 München, Tel. 089/29 16 46 24, Fax 29 16 46 25*

Informationsbüros sind normalerweise durch ein weißes i auf grünem Grund ausgeschildert, nur Belluno hat die Beschilderung noch nicht komplett. Die Öffnungszeiten variieren stark, manche haben überhaupt nur in der Hochsaison geöffnet. In größeren oder besonders stark besuchten Orten gleichen die Öffnungszeiten denen der Geschäfte. Die italienischen Verkehrsämter heißen APT (Azienda di Promozione Turistica) oder Ufficio Informazioni.

AUTO

Tempolimits: auf Landstraßen 90 km/h (70 km/h mit Anhänger), auf Autobahnen 130 km/h (80 km/h für Pkw mit Anhänger). Die Promillegrenze ist in Italien derzeit noch 0,8. Der Straßenhilfsdienst des Automobile Club Italiano (ACI) ist unter Tel. 116 zu erreichen und kostenfrei für alle Besitzer eines ADAC-Euroschutzbriefs. Die Tankstellen sind mittlerweile durchweg mit Bleifrei-Zapfstellen ausgerüstet, haben aber abseits der Autobahn in den Mittagsstunden und sonntags geschlossen. Die Tankstellen mit Sonntagsdienst sind in der lokalen Tagespresse angegeben.

BANKEN UND KREDITKARTEN

Die meisten Banken und Sparkassen sind Mo–Fr von 8.30 bis 13.30 Uhr geöffnet, viele auch am Nachmittag von 15–16 Uhr, am Fr von 14.45 bis 15.45 Uhr. Geldautomaten, vereinzelt auch Geldwechselautomaten, finden sich in nahezu jedem größeren Dorf. Beim Einlösen von Eurocheques muß man meistens den Personalausweis zeigen. Fast alle Hotels und Restaurants akzeptieren die gängigen Kreditkarten. In den Geschäften kann man Preisnachlässe allerdings nur bei Barzahlung aushandeln.

BAUERNHÖFE

Während in der Provinz Belluno Ferien auf dem Bauernhof noch kaum üblich und möglich sind, bieten in den Provinzen Bozen und Trient viele landwirtschaftliche Betriebe Zimmer und Apartments zu meist sehr günstigen Preisen an. In manchen Gebieten gibt es auch Höfe, die ihre Produkte direkt verkaufen oder sogar kleine Gastwirtschaften mit bäuerlicher Küche betreiben. Im italienischen Sprachraum wird dieses Urlaubsangebot Agriturismo genannt. Auskunft: *Unione Provinciale Agricoltori, Via Zuppani 5, Belluno, Tel. 04 37 21 31 96; Südtiroler Bauernbund, Crispistr. 15, Bozen, Tel. 04 71 99 94 34; Associazione Agrituristica del Trentino, Via Brennero 23, Trient, Tel. 04 61 82 42 11*

BERGFÜHRER

Auskunft über Bergführer und Alpinschulen bekommen Sie in allen Verkehrsvereinen.

BERGRETTUNG

Jedes größere Dorf hat eine eigene Bergrettungsdienststelle, die Telefonnummern sind den Ortsprospekten oder dem Telefonbuch zu entnehmen. In Südtirol gibt es eine Koordinierungszentrale für die Soforthilfe in dringenden medizinischen Fällen und bei Bergunfällen. Sie ist rund um die Uhr und kostenlos zu erreichen *(Tel. 118)*.

BUSSE

Aus allen größeren Orten am Rand der Dolomiten gibt es regelmäßige öffentliche Busverbindungen in die großen Gebirgstäler. Die abgeschiedenen Seitentäler und manche kleinere Paßstraßen werden nicht oder nur selten befahren.

CAMPING

Auskunft über die Campingplätze geben die Verkehrsämter der drei Provinzen oder die örtlichen Tourismusbüros.

DIPLOMATISCHE VERTRETUNG

Die nächstgelegenen Konsulate residieren in Mailand und sind wochentags zwischen 9 und 12 Uhr geöffnet:

Konsulat der Bundesrepublik Deutschland
Via Solferino 40, Tel. 02 65 54 43 4, Fax 02 65 54 21 3

PRAKTISCHE HINWEISE

Konsulat der Republik Österreich
Via Tranquillo Cremona 27, Tel. 02 48 12 06 6, Fax 02 48 00 96 30

Konsulat der Schweiz
Via Palestro 2, Tel. 02 76 00 92 84, Fax 02 76 01 42 96

Die Handelskammer Bozen *(Tel. 04 71 97 17 44)* informiert über die monatlichen Sprechstunden des deutschen und des österreichischen Konsulats in Bozen.

DOLOMITENRUNDFAHRTEN

Reisebüros und Busunternehmen in den größeren Orten bieten Tagesbusfahrten durch die Dolomiten für rund 48 000 Lire bis 65 000 Lire. Auskünfte in den örtlichen Verkehrsvereinen.

FAHRRÄDER

Weil alle radeln wollen, die Sonntagsfahrer genauso wie die rasanten Bergradler, haben sich die Verkehrsämter bestens gerüstet mit Tips für Leihräder, Radlerpauschalen und -routen, für Bikerwochen, Wettbewerbe und natürlich für die Sicherheit auf allen Bergstrecken.

GESUNDHEIT

Allgemeinmediziner und ärztlichen Notdienst gibt es in beinah jedem Dorf. Wer einen Facharzt braucht, der wendet sich am besten an das nächstgelegene Gebietskrankenhaus. Auslandskrankenschein nicht vergessen!

HAUSTIERE

Im allgemeinen sind auch Hunde akzeptierte Gäste, sicherheitshalber sollten Sie sich aber bei der Hotelbuchung vergewissern, ob die Vierbeiner auch tatsächlich willkommen sind. An der Grenze sind die üblichen Impfpässe nötig.

JUGENDHERBERGEN

In den Provinzen Trient und Belluno gibt es keine Jugendherbergen unmittelbar in den Dolomiten. Südtirols erste Jugendherberge soll noch 1999 in Toblach eröffnet werden. Jugendferienheime gibt es beispielsweise in Bozen, Bruneck, Innichen, Klobenstein, Sexten oder St. Martin in Thurn. Die vollständige Liste mit allen Adressen gibt es kostenlos bei der Südtirol Tourismuswerbung.

KINDER

Im Zimmer der Eltern bekommen Kinder im allgemeinen Ermäßigungen zwischen 30 und 50 Prozent. In der Hauptsaison sollten Sie sich jedoch ganz genau nach den Konditionen erkundigen, dann ist es mancherorts nämlich schnell vorbei mit den Zwergerlpreisen. Bei Einzelübernachtungen wird beispielsweise gern der volle Preis berechnet. In der Nebensaison bieten viele Dolomitenorte sommers und winters preiswerte Familienpauschalen mit allen möglichen Zusatzveranstaltungen oder deutlichen Preisnachlässen auf die Skipässe. Achtung: Ungebührlich teuer sind für Kinder die Halbtags- und Tageskarten im Verbund Dolomiti Superski. Im Sommer organisieren Verkehrsämter, aber auch Hotels oder Alpinschulen spezielle Kinder-Freizeitprogramme. Die großen Wintersportorte haben meistens Skikindergärten mit Halb- oder Ganztagsbetreuung. Bei den Verkehrsämtern erfährt man, ob es im Dorf auch einen Sommerkindergarten für Gäste gibt.

LAWINENWARNDIENST

Über Lawinengefahr in der Provinz Belluno informiert der Warndienst der Region Veneto *(Tel. 167 86 03 45)*. In der Provinz Bozen gibt der Landeswarndienst Auskunft von Anfang Dezember bis Ende Mai *(Tel. 04 71 27 05 55)*. Für das Trentino informiert die Zentrale in Trient *(Tel. 167 85 00 77)*.

MIETWAGEN

Mietautos sind in Italien verhältnismäßig teuer. Am günstigsten fahren Sie meist mit den Ferientarifen der internationalen Leihwagenfirmen. Die können Sie nur in Ihrem Heimatland buchen, Sie bekommen dann einen Gutschein für die Wagenübernahme. Ein kostenloser Rundruf bei den Reservierungszentralen verschafft Übersicht über das – häufiger wechselnde – Angebot. Preisbeispiel eines deutschen Verleihs: Für einen Kleinwagen beträgt der Tagespreis (inklusive Versicherung, aber ohne 19 Prozent Steuer) rund 100 Mark. Einwöchige Ferienpauschalen sind von rund 500 Mark an zu buchen. Die großen Vermieter finden Sie auch in den drei Provinzhauptstädten. Darüber hinaus kann man – allerdings zu durchwegs höheren Preisen – in größeren Ortschaften auch bei lokalen Taxiunternehmen oder Autowerkstätten Autos mieten.

NATURPARKS

Informationen über die Naturparks geben für die Provinz Belluno der *Ufficio Parchi della Regione Veneto (Dorsoduro 3901, Venezia, Tel. 041 79 23 41)*, in der Provinz Bozen das *Landesamt für Naturparke, Naturschutz und Landschaftspflege (Via Battisti 21, Bozen, Tel. 04 71 99 43 00)*, in der Provinz Trient der *Servizio Parchi e Foreste Demaniali (Trento, Tel. 04 61 89 58 33* oder *04 61 89 58 31)*.

NOTRUF

In ganz Italien gelten die Nummern: Carabinieri 112, Rettungsdienst 113, Feuerwehr 115 (Südtirol 20 22 22), Pannendienst 116, Notarzt 118.

ÖFFNUNGSZEITEN

Die meisten Museen haben saisonal wechselnde und oft sehr unregelmäßige Öffnungszeiten. Außerdem bleiben speziell kleinere Museen außerhalb der Saison sogar für längere Perioden ganz geschlossen. Ein Anruf vorab ist daher unbedingt empfehlenswert. Zunehmend werden Kirchen aus Sicherheitsgründen in den Mittagsstunden und am Abend geschlossen. Abgelegene Gotteshäuser mit kostbaren Kunstschätzen sind oft überhaupt nur auf Anfrage zu besichtigen. Die Einheimischen weisen Ihnen gern den Weg zu den Mesner- oder Pfarrhäusern, wo die Schlüssel aufbewahrt werden.

POST

In kleineren Orten variieren die Schalterzeiten der Postämter

PRAKTISCHE HINWEISE

werktags zwischen 8 bis 14 Uhr und 8.45 bis 13.45 Uhr. Samstags sind sie nur drei Vormittagsstunden offen. Die Hauptpostämter von Bozen, Belluno oder Trient tun werktags durchgehend bis ca. 18.45 Uhr Dienst. Briefmarken gibt es auch in Bars und Tabakläden. Das Porto für Briefe und Ansichtskarten kostet 800 Lire, in die Schweiz 900 Lire.

SCHUTZHÜTTEN

Verzeichnisse der Südtiroler Schutzhütten sind erhältlich bei der *Südtirol Tourismus-Werbung* in Bozen, in Trient beim *Verkehrsamt* und bei der *SAT (Società degli Alpinisti Tridentini, Via Manci 57, Tel. 04 61 98 18 71, Fax 04 61 98 64 62)*. In Belluno sind die Schutzhütten im Hotelverzeichnis der Provinz aufgelistet. Außerdem kann man bei den Ortsstellen des *Alpenvereins* und des *Club Alpino Italiano* Informationen über die Schutzhäuser einholen. Mitglieder von Alpenvereinen übernachten zu reduzierten Preisen.

SKISCHULEN

Skischulen für alle Disziplinen vom Alpin- und Tourenskilauf über den Langlauf bis hin zum Snowboarden und Skisurfen gibt es in jedem Wintersportort der Dolomiten. Ein Verleih von Sportausrüstungen ist oft angeschlossen, ansonsten kann man Brettln und Schuhwerk meist in Sportgeschäften mieten.

STROMSPANNUNG

Die Stromspannung beträgt überall 220 Volt. Allerdings sind in Italien vor allem in älteren Häusern noch nicht überall die Schutzkontaktsteckdosen üblich, Adaptersets sind daher empfehlenswert.

TELEFON

Die Ländervorwahl nach Italien ist 0039. Die ehemalige Ortsvorwahl ist jetzt Bestandteil der Nummer. Sie muß daher bei Anrufen aus dem Ausland ebenso wie bei Inlands- und Ortsgesprächen vollständig (mit der 0) mitgewählt werden. Von Italien nach Deutschland wählt man 0049, nach Österreich 0043, in die Schweiz 0041. Telefonieren im Hotel ist grundsätzlich teurer. Zum Normaltarif können Sie außer den Telefonzellen auch die öffentlichen Telefone von Bars, Gasthäusern, Bahn- und Busbahnhöfen benutzen.

Zahlungsmittel sind je nach Gerät Bargeld, Telefonmünzen (*gettoni* zu 200 Lire), Telefonkarten (zu 5000 oder 10 000 Lire) oder normale Kreditkarten. Die Telefonkarten gibt es an Automaten, in Bars oder Tabakläden. Am billigsten ist Telefonieren zwischen 22 Uhr und 8 Uhr, am teuersten werktags zwischen 8.30 Uhr und 13 Uhr. Samstags und sonntags gibt es auch tagsüber gestaffelte Ermäßigungen. Sammler im Ausland können den Wertkarten-Katalog der Telecom Italia kostenlos unter der Faxnummer *00 39 06 36 88 39 00* anfordern. Änderungen von Telefonnummern werden meist in den örtlichen Telefonbüchern vorangekündigt. Nach Ablauf der befristeten automatischen Weiterverbindung muß man sich an die Auskunft wenden.

TRINKGELD

Schauen Sie auf der Restaurantrechnung nach, ob Ihnen das Lokal für Service 10 bis 15 Prozent berechnet. Wenn nicht, dann sollten Sie dem Kellner etwa 10 Prozent Trinkgeld geben. Auch Taxifahrer und Friseure freuen sich über einen Obolus. Bei längeren Hotelaufenthalten sollten Sie Ihrem Tischkellner eine Trinkgeldpauschale geben.

ZEITUNGEN

Deutsche Zeitungen und Zeitschriften bekommen Sie in Südtirol in großer Auswahl, dazu auch die einheimische Tageszeitung »Dolomiten« und die Wochenzeitschrift »FF«. In den Ferienorten der Provinzen Trient und Belluno bekommen Sie die wichtigsten deutschen Blätter.

ZOLL

Innerhalb der EU darf der Reisende alle Waren für den persönlichen Bedarf frei ein- und ausführen. Richtwerte hierfür sind z.B. 800 Zigaretten, 90 l Wein (davon höchstens 60 l Schaumwein), 10 l Spirituosen. Für die Schweiz gelten reduzierte Freimengen, u. a. 200 Zigaretten, 2 l Wein.

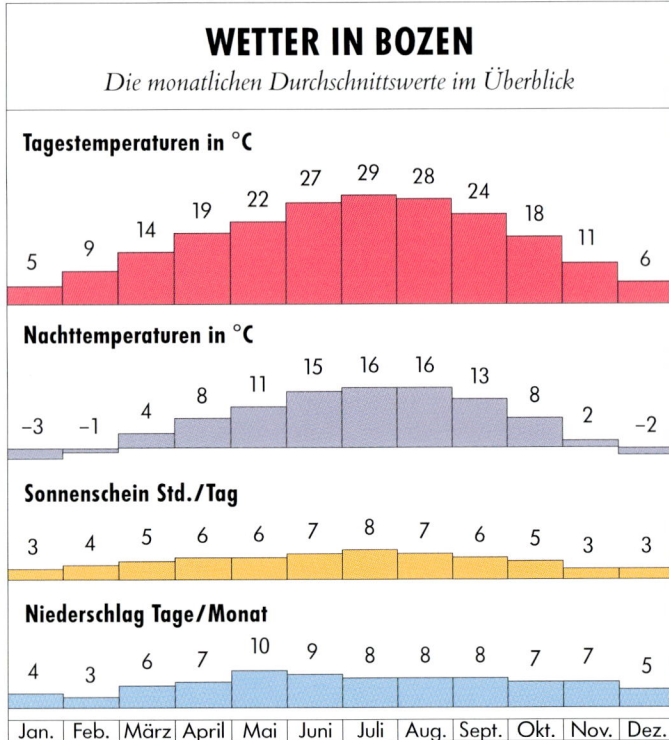

WARNUNG

Bloß nicht!

Hier noch einige Tips, die Ihnen womöglich kleinen oder größeren Ärger ersparen und vielleicht sogar das Leben retten können

Der Tourismus hat in den Dolomiten eine lange Tradition und ist ein stabiler, unverzichtbarer Wirtschaftszweig. Gastwirte und Geschäftsleute arbeiten meistens seriös, so daß Sie keine Angst zu haben brauchen, von einer Touristenfalle in die nächste zu stolpern. Trotzdem hat die Bergwelt ihre Tücken.

Den Berghelden mimen
Die Rettungsdienste warnen kontinuierlich vor den Gefahren im exponierten Gelände. Trotzdem gibt es Unfälle am laufenden Band. Viele wären vermeidbar. Hier die wichtigsten Vorsichtsregeln zur Erinnerung: Shorts, Leggings und Sandalen sind selbst im Hochsommer kein Ersatz für robuste Bergschuhe und -kleidung. Klettersteige sind keine Promenaden – Anfänger brauchen professionelle Begleiter für schwierige Touren. Informieren Sie Ihre Hüttenwirte oder Hoteliers über das Ziel Ihrer Alleingänge. Gehen Sie nie ohne Kenntnis des Wetterberichts auf lange Exkursionen. Daß der Lawinenwarndienst immer recht hat, versteht sich von selbst. Snowboarder und Skifahrer gefährden im Tiefschnee abseits der Pisten sich selbst und die Natur. Proviantmüll gehört nicht ins Gebüsch, sondern ist im Tal zu entsorgen. Last, but not least sollte man Zechtouren nicht längs der Abfahrten und Wanderpfade unternehmen: Bei über dreißig Prozent der Skiunfälle ist Alkohol im Spiel.

Babys auf Pisten und Grate schleppen
Ärzte warnen davor, beim Bergsteigen oder Skifahren mit Säuglingen oder Kleinkindern im Tragerucksack allzu hoch hinauszuwollen. Wegen der Gefahr des plötzlichen Kindstods raten die Mediziner, Kinder bis zu einem Jahr grundsätzlich nicht höher als auf 1500 Meter zu bringen. Auf den Höhen kommt sommers und winters oft überraschend eisiger Wind auf. Kinder haben weniger Fettgewebe als Erwachsene und sind daher viel anfälliger für Unterkühlung und Erfrierungen. Bis zum Ende des dritten Lebensjahres sollten Kinder auch nicht Seilbahn fahren. Der abrupte Höhenwechsel kann leicht zu Ohrenentzündungen führen. Schließlich darf auch die starke

UV-Strahlung nicht unterschätzt werden: Die Kleinen brauchen unbedingt einen guten Augen- und Hautschutz.

Dieben Gelegenheit geben
Im Winter operieren Langfinger manchmal an Schutzhütten und Seilbahnstationen – sie haben es speziell auf nagelneue Skier abgesehen. Die sollten Sie keinesfalls aus den Augen lassen.

Den Reisekaugummi vergessen
Die meisten Dolomitenstraßen sind sehr kurvenreich. Kinder und andere empfindliche Rücksitzbeifahrer werden es Ihnen danken, wenn Sie im Auto immer eine Vorratspackung Kaugummi gegen die schwindel- und übelkeitserregende Reisekrankheit griffbereit haben.

Den Wert des Pfifferlings verkennen
Die überbordende Sammelwut der Pilzfreaks hat dazu geführt, daß die drei Dolomitenprovinzen jeweils eigene Ernteregeln aufgestellt haben. Werden diese nicht beachtet, dann können die Kontrolleure – das sind meistens Forst- oder Jagdbeamte – Ihre Pfifferlinge konfiszieren und Geldbußen verlangen. Erkundigen Sie sich daher bei den Einheimischen oder beim Verkehrsamt danach, an welchen Tagen Sie wieviel ins Körbchen füllen dürfen und ob Sie sich dafür gegen Gebühr eine spezielle Genehmigung besorgen müssen.

Die Seelenwanderer stören
Bei den weltlichen Festbräuchen der Dolomitenbewohner sind Sie immer ein willkommener Gast und gewiß auch ein geschätzter Filmer oder Fotograf im geselligen Treiben. Für die religiösen Rituale, Bittgänge, Wallfahrten und Prozessionen gilt die Bitte: Sausen Sie nicht ständig mit Ihrer Kamera am Zug der Betenden entlang!

Zu jeder Jahreszeit Törggelen
Der Südtiroler Weinprobe-Kult des Törggelen ist längst verfremdet. Wenn Sie den damit verbundenen Rummel mögen, sollten Sie doch in zwei Fällen unbedingt Zurückhaltung üben: Zum einen, wenn Ihnen Törggelen auf der Alm oder im Berggasthof angeboten wird. Zum anderen, wenn Sie im Frühling, Sommer und Winter zur Törggelepartie animiert werden. Manche Reiseveranstalter und Organisatoren setzen sich selbst über die Minimalspielregeln hinweg, daß die klassische Weinprobe zumindest zur rechten Zeit im Spätherbst und in den Weinbauorten selbst erfolgen sollte. Dementsprechend unecht oder dürftig ist dann das Angebot.

Tempolimits mißachten
Die Brennerautobahn ist keine Teststrecke für Möchtegern-Rallyefahrer, sondern hat wie alle Autobahnen Italiens ein Tempolimit von 130 km/h. Auf den meisten ihrer kurvenreichen Abschnitte im Gebirge herrscht sogar Limit 110 km/h. Temposünder belasten die ohnehin beeinträchtigten Straßendörfer zusätzlich.

Winterfestigkeit vernachlässigen
Selten, aber doch schüttet Frau Holle Schneemassen auf den Süden. Damit Sie mit dem Auto nicht hängenbleiben: Winterreifen sind gut, Ketten noch besser.

SPRACHFÜHRER ITALIENISCH

Sprechen und Verstehen ganz einfach

Zur Erleichterung der Aussprache:

c, cc	vor »e, i« wie deutsches »tsch« in deutsch, Bsp.: die**c**i, sonst wie »k«
ch, cch	wie deutsches »k«, Bsp.: pa**cch**i, **ch**e
ci, ce	wie deutsches »tsch«, Bsp.: **ci**ao, **ci**occolata
g, gg	vor »e, i« wie deutsches »dsch« in Dschungel, Bsp.: **g**ente
gl	ungefähr wie in »Familie«, Bsp.: fi**gl**io
gn	wie in »Kognak«, Bsp.: ba**gn**o
sc	vor »e, i« wie deutsches »sch«, Bsp.: u**sc**ita
sch	wie in »Skala«, Bsp.: I**sch**ia
sci	vor »a, o, u« wie deutsches »sch«, Bsp.: la**sci**are
z	immer stimmhaft wie »ds«

Ein Akzent steht im Italienischen nur, wenn die letzte Silbe betont wird. In den übrigen Fällen haben wir die Betonung durch einen Punkt unter dem betonten Vokal angegeben.

AUF EINEN BLICK

Ja./Nein.	Sì./No.
Vielleicht.	Forse.
Bitte./Danke.	Per favore./Grazie.
Vielen Dank!	Tante grazie.
Gern geschehen.	Non c'è di che!
Entschuldigen Sie!	Scusi!
Wie bitte?	Come dice?
Ich verstehe Sie/dich nicht.	Non La/ti capisco.
Ich spreche nur wenig …	Parlo solo un po' di …
Können Sie mir bitte helfen?	Mi può aiutare, per favore?
Ich möchte …	Vorrei …
Das gefällt mir (nicht).	(Non) mi piace.
Haben Sie …?	Ha …?
Wieviel kostet es?	Quanto costa?
Wieviel Uhr ist es?	Che ore sono?/Che ora è?

KENNENLERNEN

Guten Morgen!/Tag!	Buon giorno!
Guten Abend!	Buona sera!
Gute Nacht!	Buona notte!
Hallo!/Grüß dich!	Ciao!
Wie geht es Ihnen/dir?	Come sta?/Come stai?
Danke. Und Ihnen/dir?	Bene, grazie. E Lei/tu?
Auf Wiedersehen!	Arrivederci!
Tschüs!	Ciao!
Bis bald!	A presto!
Bis morgen!	A domani!

UNTERWEGS

Auskunft

links/rechts	a sinistra/a destra
geradeaus	diritto
nah/weit	vicino/lontano
Wie weit ist das?	Quanti chilometri sono?
Ich möchte … mieten.	Vorrei noleggiare …
… ein Auto	… una macchina.
… ein Fahrrad	… una bicicletta.
… Skier	… un paio di sci.
Bitte, wo ist …?	Scusi, dov'è …?
der Bahnhof	la stazione
die Haltestelle	la fermata
der Hafen	il porto
der Flughafen	l'aeroporto
Zum … Hotel.	All'albergo …

Panne

Ich habe eine Panne.	Ho un guasto.
Würden Sie mir einen Abschleppwagen schicken?	Mi potrebbe mandare un carro-attrezzi?
Gibt es hier in der Nähe eine Werkstatt?	Scusi, c'è un'officina qui vicino?

Tankstelle

Wo ist bitte die nächste Tankstelle?	Dov'è la prossima stazione di servizio, per favore?
Ich möchte … Liter …	Vorrei … litri di …
… Super./… Diesel.	… super./… gasolio.
… bleifrei/… verbleit.	… senza piombo (verde)/ … con piombo.
…mit … Oktan.	… a … ottani.
Volltanken, bitte.	Il pieno, per favore.

Unfall

Hilfe!	Aiuto!
Achtung!/Vorsicht!	Attenzione!
Rufen Sie bitte schnell …	Chiami subito …
… einen Krankenwagen.	… un'autoambulanza.
… die Polizei.	… la polizia.
… den Bergrettungsdienst	… il soccorso alpino.
Haben Sie Verbandszeug?	Ha materiale di pronto soccorso?
Es war meine Schuld.	È stata colpa mia.
Es war Ihre Schuld.	È stata colpa Sua.
Geben Sie mir bitte Ihren Namen und Ihre Anschrift!	Mi dia il Suo nome e indirizzo, per favore!

SPRACHFÜHRER ITALIENISCH

ESSEN/UNTERHALTUNG

Wo gibt es hier …	Scusi, mi potrebbe indicare …
… ein gutes Restaurant?	… un buon ristorante?
… ein typisches Restaurant?	… un locale tipico?
Gibt es in der Nähe eine Eisdiele?	C'è una gelateria qui vicino?
Reservieren Sie uns bitte für heute abend einen Tisch für 4 Personen.	Può riservarci per stasera un tavolo per quattro persone?
Auf Ihr Wohl!	(Alla Sua) salute!
Bezahlen, bitte.	Il conto, per favore.
Hat es geschmeckt?	Andava bene?
Das Essen war ausgezeichnet.	Il pasto era eccellente.
Haben Sie einen Veranstaltungskalender?	Ha un programma delle manifestazioni?

EINKAUFEN

Wo finde ich …?	Dove posso trovare …?
eine Apotheke	una farmacia
eine Bäckerei	un panificio
ein Fotogeschäft	un negozio di articoli fotografici
ein Kaufhaus	un grande magazzino
ein Lebensmittelgeschäft	un negozio di generi alimentari
den Markt	il mercato
einen Sportgeschäft	un negozio di articoli sportivi
einen Tabakladen	un tabaccaio
einen Zeitungshändler	un giornalaio

ÜBERNACHTUNG

Können Sie mir bitte … empfehlen?	Scusi, potrebbe consigliarmi …
… ein Hotel	… un albergo?
… eine Pension	… una pensione?
Ich habe bei Ihnen ein Zimmer reserviert.	Ho prenotato una camera.
Haben Sie noch …?	È libera …?
… ein Einzelzimmer	… una singola
… ein Zweibettzimmer	… una doppia
… mit Dusche/Bad	… con doccia/bagno
… für eine Nacht	… per una notte
… für eine Woche	… per una settimana
… mit Blick auf die Berge	… con vista sui monti
Was kostet das Zimmer …	Quanto costa la camera …
… mit Frühstück?	… con la prima colazione?
… mit Halbpension?	… a mezza pensione?

PRAKTISCHE INFORMATIONEN

Arzt

Können Sie mir einen guten Arzt empfehlen?

Mi può consigliare un buon medico?

Ich habe eine Verstauchung
Ich habe …
 … Fieber.
 … Zahnschmerzen.

ho una slogatura.
Ho …
 … la febbre.
 … mal di denti.

Bank

Wo ist bitte …
 … eine Bank?
 … eine Wechselstube?
Ich möchte diese … DM (Schilling, Schweizer Franken) in Lire wechseln.

Scusi, dove posso trovare …
 … una banca?
 … un'agenzia di cambio?
Vorrei cambiare questi marchi (scellini, franchi svizzeri) in lire.

Post

Was kostet …
 … ein Brief …
 … eine Postkarte …
nach Deutschland (Österreich, Schweiz)?

Quanto costa …
 … una lettera …
 … una cartolina …
per la Germania (l'Austria, la Svizzera)?

Zahlen

0	zero	19	diciannove
1	uno	20	venti
2	due	21	ventuno
3	tre	30	trenta
4	quattro	40	quaranta
5	cinque	50	cinquanta
6	sei	60	sessanta
7	sette	70	settanta
8	otto	80	ottanta
9	nove	90	novanta
10	dieci	100	cento
11	undici	101	centouno
12	dodici	200	duecento
13	tredici	1000	mille
14	quattordici	2000	duemila
15	quindici	10000	diecimila
16	sedici		
17	diciassette	1/2	un mezzo
18	diciotto	1/4	un quarto

SPRACHFÜHRER ITALIENISCH

Carta
Speisekarte

PRIMA COLAZIONE	FRÜHSTÜCK
caffè, espresso	kleiner, starker Kaffee ohne Milch
caffè macchiato	kleiner, starker Kaffee mit wenig Milch
caffellatte	Kaffee mit Milch
caffè decaffeinizzato	koffeinfreier Kaffee
cappuccino	Kaffee mit aufgeschäumter Milch
tè al latte/al limone	Tee mit Milch/Zitrone
tè alla menta/alla frutta	Pfefferminz-/Früchtetee
tisana	Kräutertee
cioccolata	Schokolade
spremuta	frisch gepreßter Fruchtsaft
succo di frutta	Fruchtsaft
frittata	Omelett/Pfannkuchen
uovo alla coque	weiches Ei
uova al tegame	Spiegeleier
uova sode	harte Eier
uova strapazzate	Rühreier
pane/panino/pane tostato	Brot/Brötchen/Toast
cornetto	Hörnchen
burro	Butter
formaggio	Käse
salame	Wurst
prosciutto	Schinken
miele	Honig
marmellata	Marmelade
iogurt	Joghurt
della frutta	etwas Obst

ANTIPASTI/MINESTRE	VORSPEISEN/SUPPEN
piatto di speck	Speckteller
minestra di gulasch	Gulaschsuppe
anguilla affumicata	Räucheraal
carciofini sott'olio	Artischockenherzen in Öl
funghi sott'olio	Pilze in Öl
melone e prosciutto	Melone mit Schinken
minestrone	dicke Gemüsesuppe
pastina in brodo	Fleischbrühe mit feinen Nudeln
vitello tonnato	kalter Kalbsbraten mit Thunfischcreme
canederli in brodo	Knödelsuppe

PRIMI PIATTI	**NUDEL- UND REISGERICHTE**
pasta	Nudeln
... al burro/in bianco	... mit Butter
... alla napoletana/al pomodoro	... mit Tomatensoße (ohne Fleisch)
... alla bolognese/al ragù	... mit Tomatensoße (mit Fleisch)
... strangolapreti	... Spinatnockerl
... alla carbonara	... mit Ei und Speck
... alla panna	... mit Sahne
... aglio e olio	... mit Knoblauch und Öl
... alla puttanesca	... mit Tomatensoße, Oliven und sehr scharfen Gewürzen
fettuccine/tagliatelle	Bandnudeln
gnocchi	kleine Kartoffelklößchen
polenta (con funghi)	Maisbrei (mit Pilzen)
agnolotti/ravioli/tortellini	gefüllte Teigtaschen
vermicelli	Fadennudeln
risotto al radicchio	Reisgericht mit Radicchio

CARNE E PESCE	**FLEISCH UND FISCH**
agnello	Lamm
ai ferri/alla griglia	vom Grill
anitra	Ente
aragosta	Languste
baccalà	Stockfisch
brasato	Braten
capretto	Kitz
capriolo	Reh
camoscio	Gemse (»Gams«)
cervo	Hirsch
fegato	Leber
gambero, granchio	Krebs, Krabbe
lepre	Hase
maiale	Schweinefleisch
manzo/bue	Rindfleisch-/Ochsenfleisch
ossobuco	Kalbshaxenscheibe mit Soße
pollo	Huhn
rognoni	Nieren
salmone	Lachs
scampi fritti	gebackene kleine (See-)Krebse
sogliola	Seezunge
spezzatino	Geschnetzeltes/Gulasch
tonno	Thunfisch
trota	Forelle
vitello	Kalbfleisch

SPRACHFÜHRER ITALIENISCH

VERDURA E CONTORNI — GEMÜSE UND BEILAGEN

asparagi	Spargel
carciofi	Artischocken
carote	Möhren, Karotten
cavolfiore	Blumenkohl
cavolo	Kohl
cipolle	Zwiebeln
fagioli	weiße Bohnen
fagiolini	grüne Bohnen
finocchi	Fenchel
funghi	Pilze
insalata mista	gemischter Salat
insalata verde	grüner Salat
lenticchie	Linsen
melanzane	Auberginen
patate	Kartoffeln
patatine fritte	Pommes frites
peperoni	Paprika
piselli	Erbsen
pomodori	Tomaten
sedano	Sellerie
spinaci	Spinat
verza	Wirsing
zucca	Kürbis

FORMAGGI — KÄSE

parmigiano	Parmesankäse
pecorino	Schafskäse
ricotta	quarkähnlicher Frischkäse

DOLCI E FRUTTA — NACHSPEISEN UND OBST

albicocca	Aprikose
arancia	Orange
cassata	Eisschnitte mit kandierten Früchten
ciliegie	Kirschen
coppa assortita	gemischter Eisbecher
coppa con panna	Eisbecher mit Sahne
frutti di bosco	Waldfrüchte
fragole	Erdbeeren
gelato	Eis
lamponi	Himbeeren
macedonia	Obstsalat
mela	Apfel
mirtilli neri	Heidelbeeren
mirtilli rossi	Preiselbeeren

nocciola	Haselnuß(-Eis)
panna cotta	Sahnecreme
pera	Birne
pesca	Pfirsich
prugna/susina	Pflaume
tirami su	Löffelbiskuit mit Kaffee und Mascarpone-Creme
uva	Trauben
vaniglia	Vanille(-Eis)
zabaione	Eierschaumcreme

Lista delle bevande
Getränkekarte

BEVANDE	**GETRÄNKE**
acqua minerale	Mineralwasser
amabile	lieblich
amaro	Magenbitter
aranciata	Orangeade
bibita	Erfrischungsgetränk
bicchiere	Glas
birra scura/chiara	dunkles/helles Bier
birra alla spina	Bier vom Faß
birra senza alcool	alkoholfreies Bier
bottiglia	Flasche
con ghiaccio	mit Eis
digestivo	Verdauungsschnaps
frappé/frullato	Milchmixgetränk (oft mit Eis)
gassata/con gas	mit Kohlensäure
grappa	Tresterschnaps
limonata	Limonade
liquore	Likör
liscia/senza gas	pur/ohne Kohlensäure
secco	trocken
spremuta di arancia	frisch gepreßter Orangensaft
spumante	Sekt
succo di frutta/di mele	Frucht-/Apfelsaft
succo di pomodoro	Tomatensaft
vino bianco/rosato/rosso	Weiß-/Rosé-/Rotwein
vino della casa	Hauswein
vino frizzante	Perlwein, moussierender Wein
vino sfuso/aperto	offener Wein

REISEATLAS DOLOMITEN

Reiseatlas Dolomiten

Die Seiteneinteilung für den Reiseatlas finden Sie auf dem hinteren Umschlag dieses Reiseführers

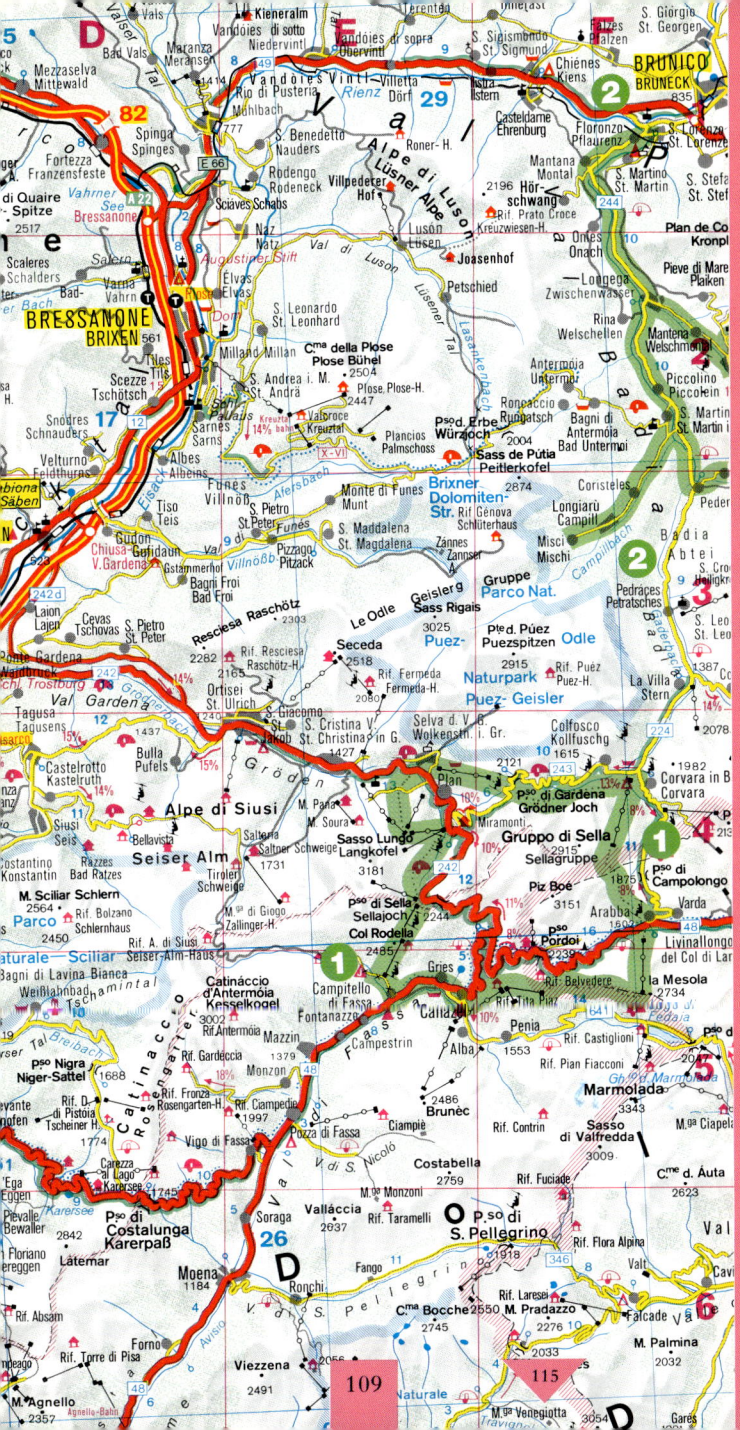

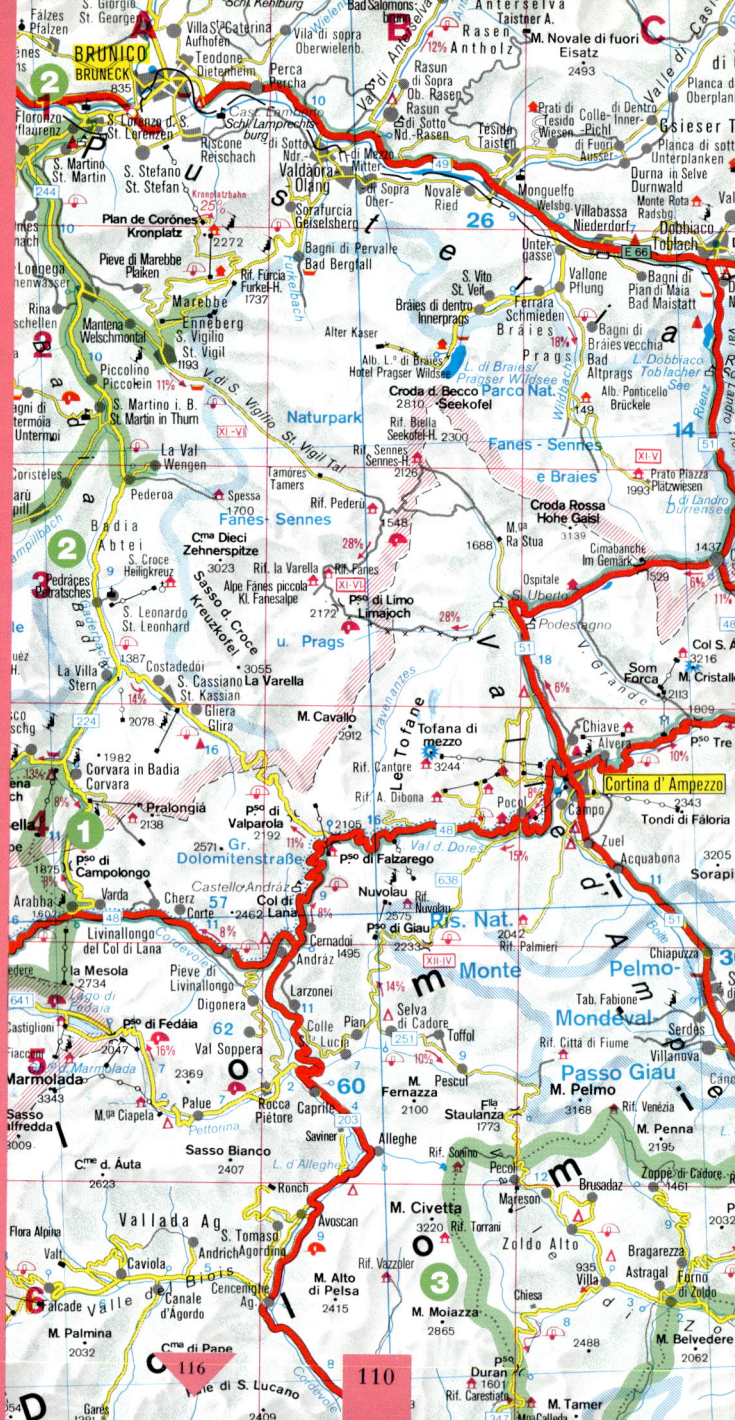

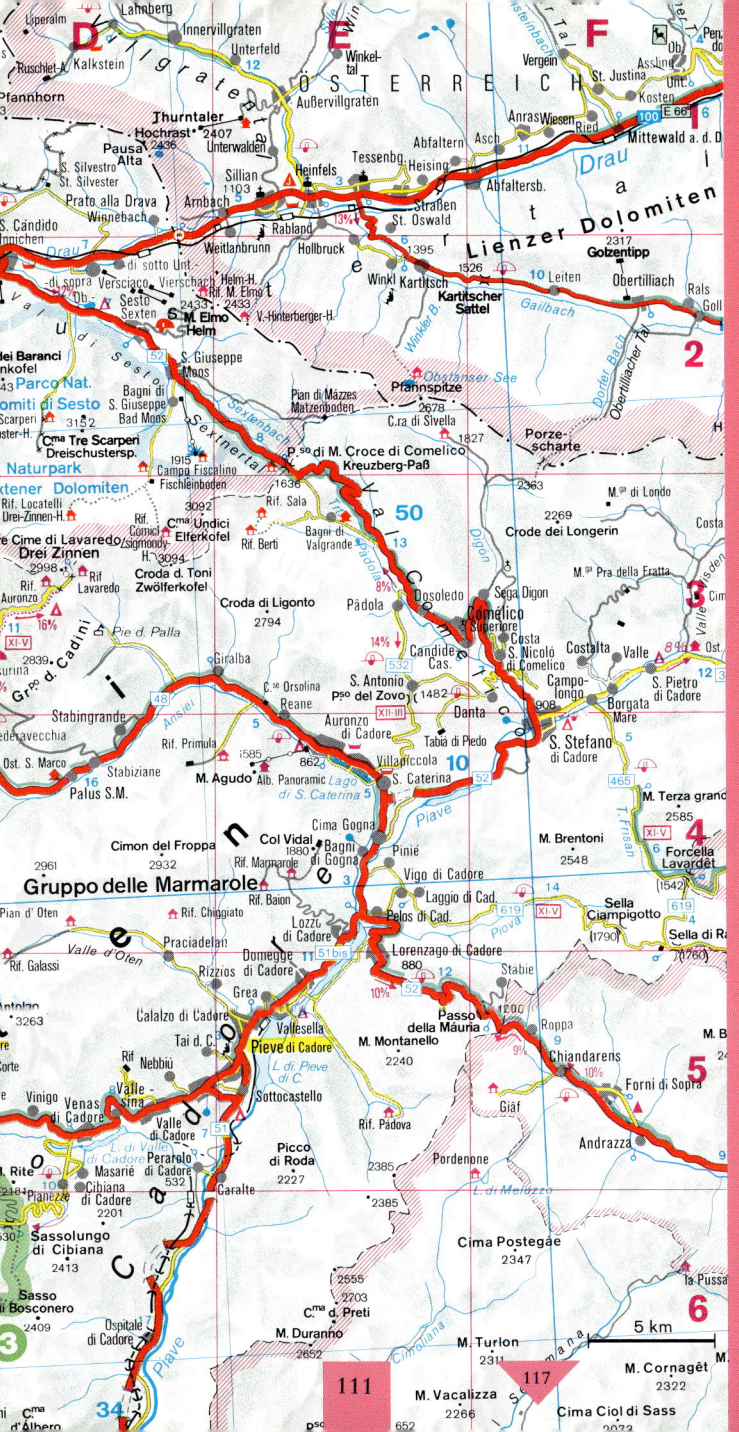

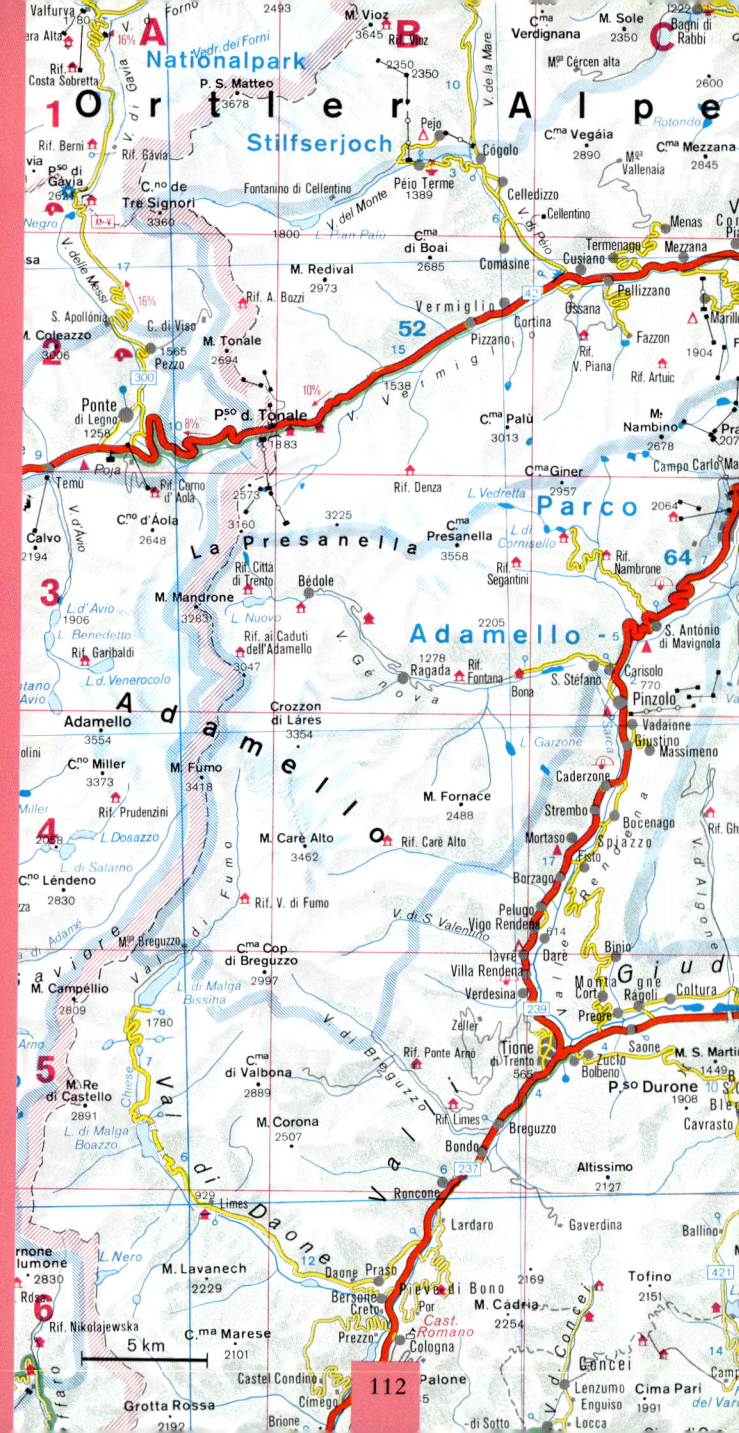

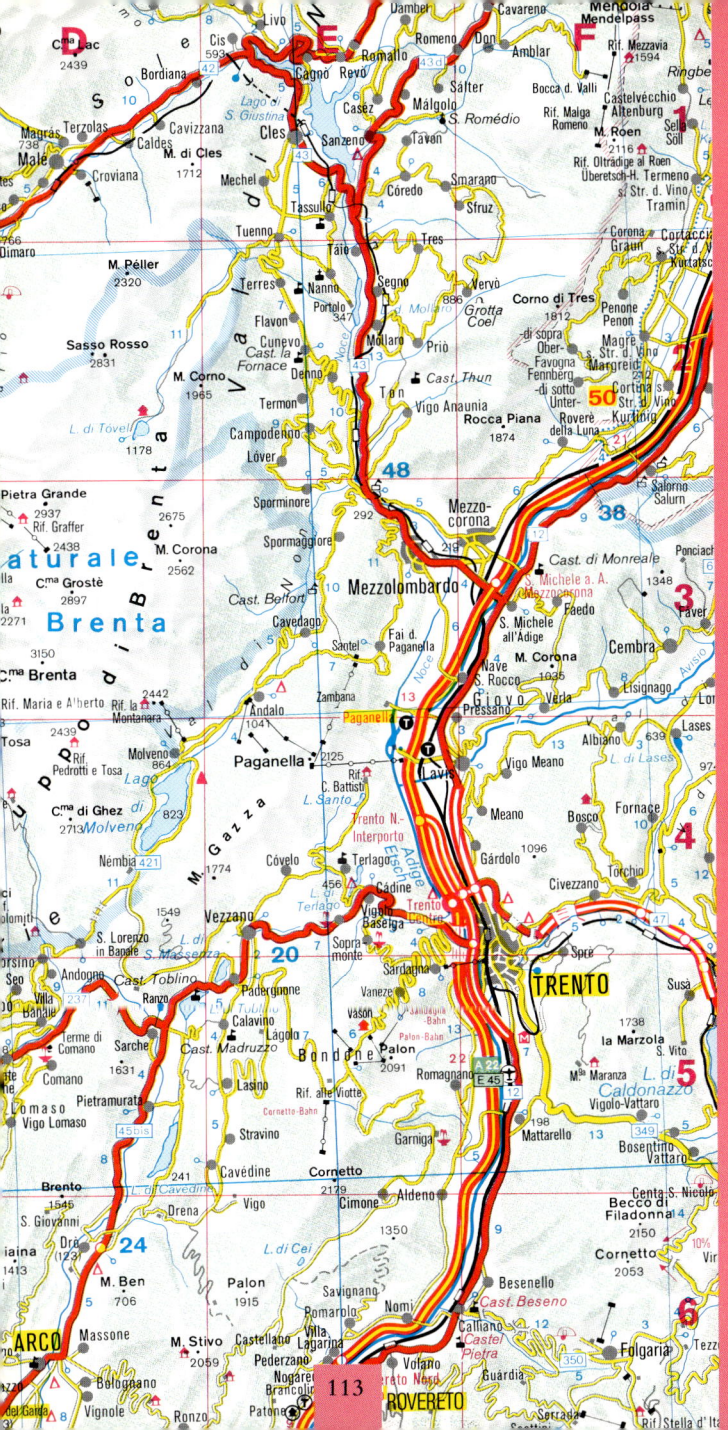

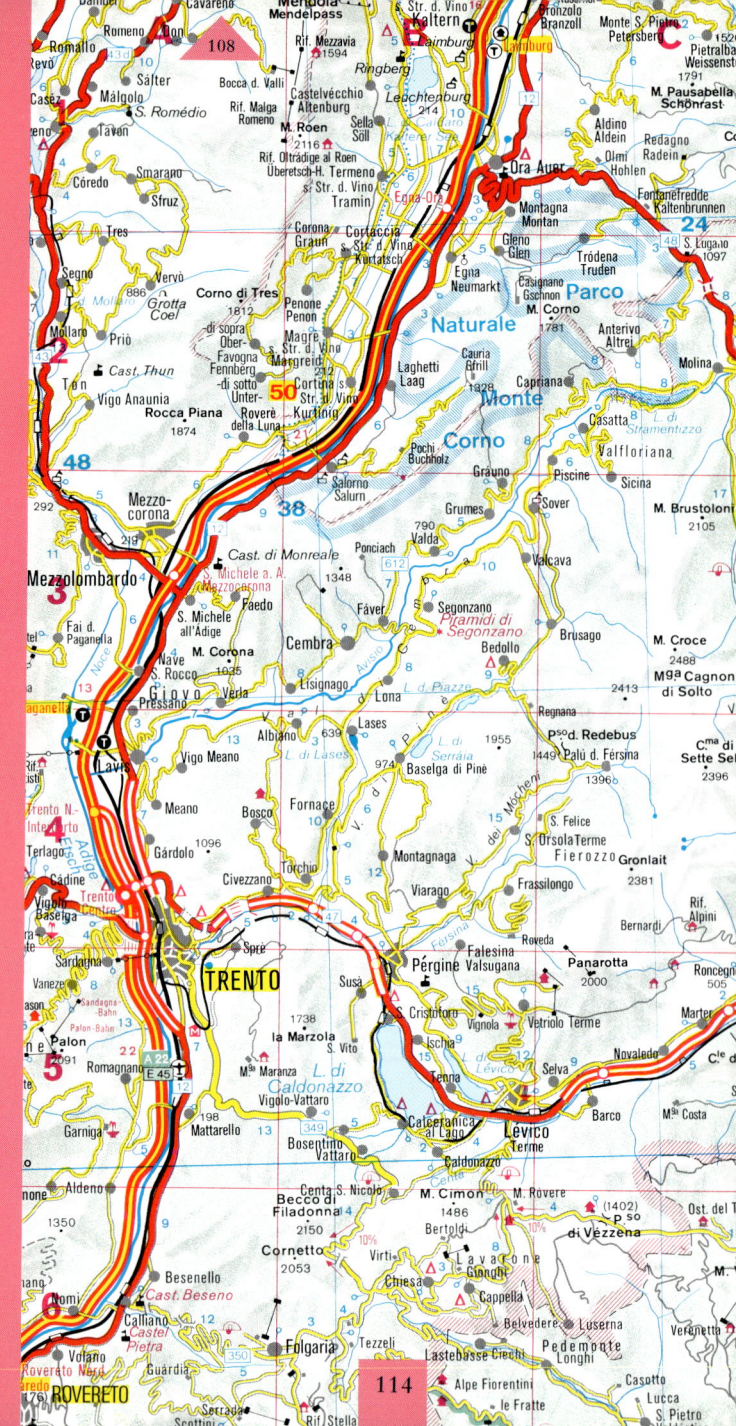

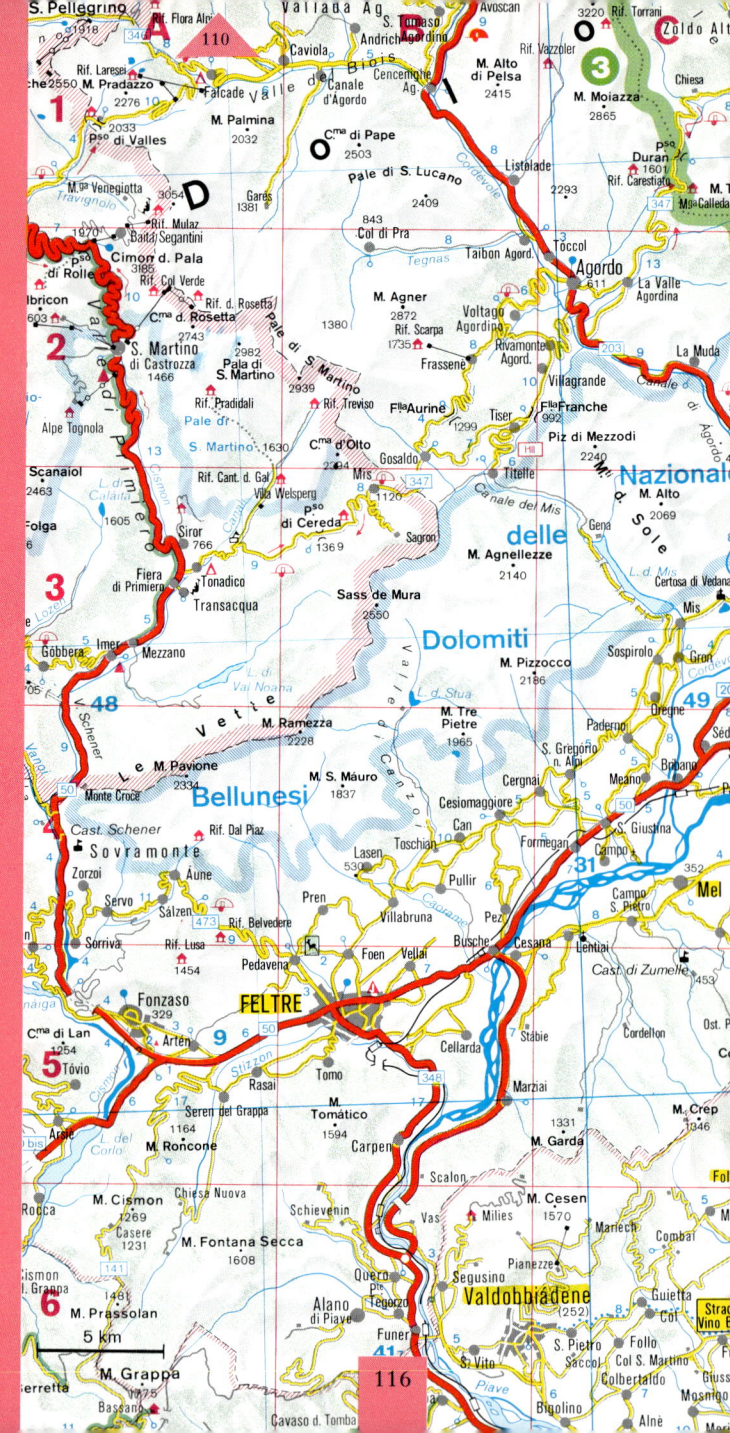

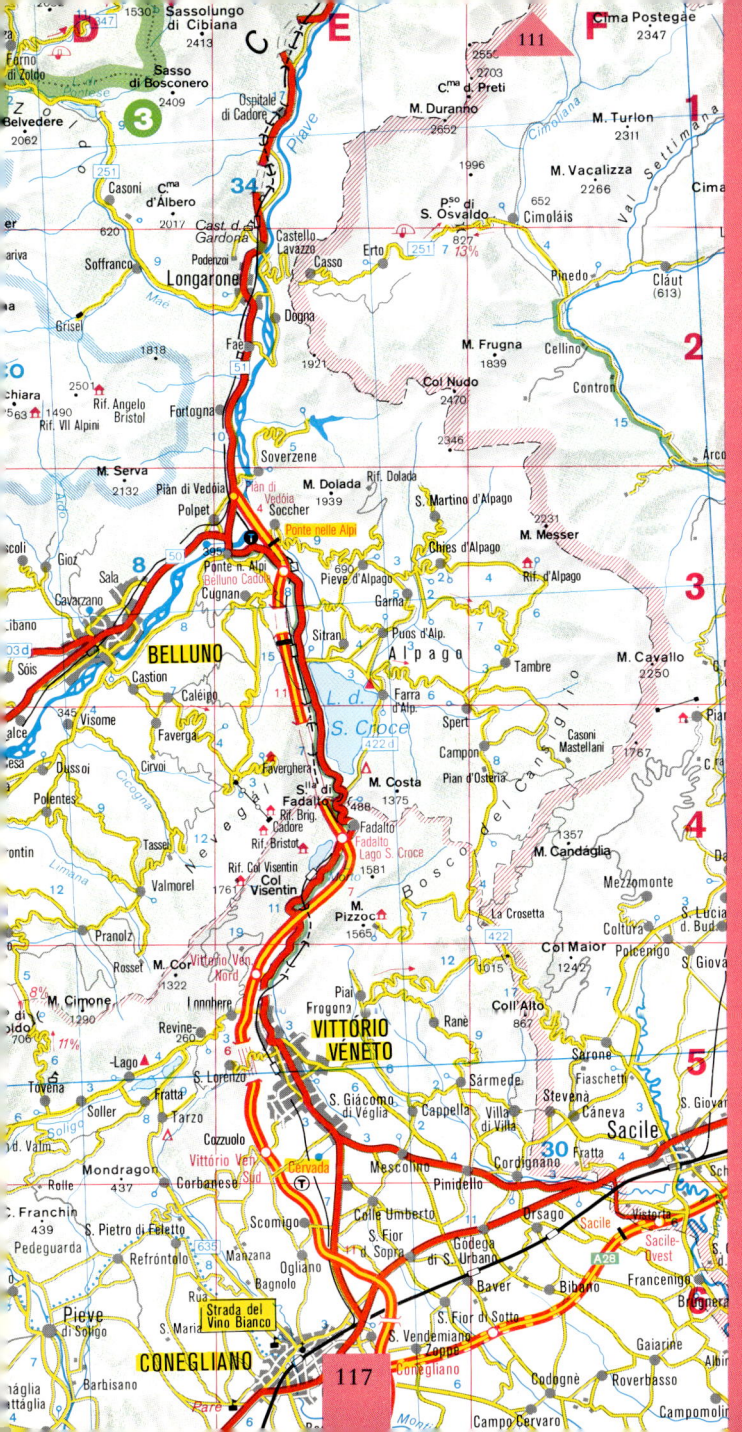

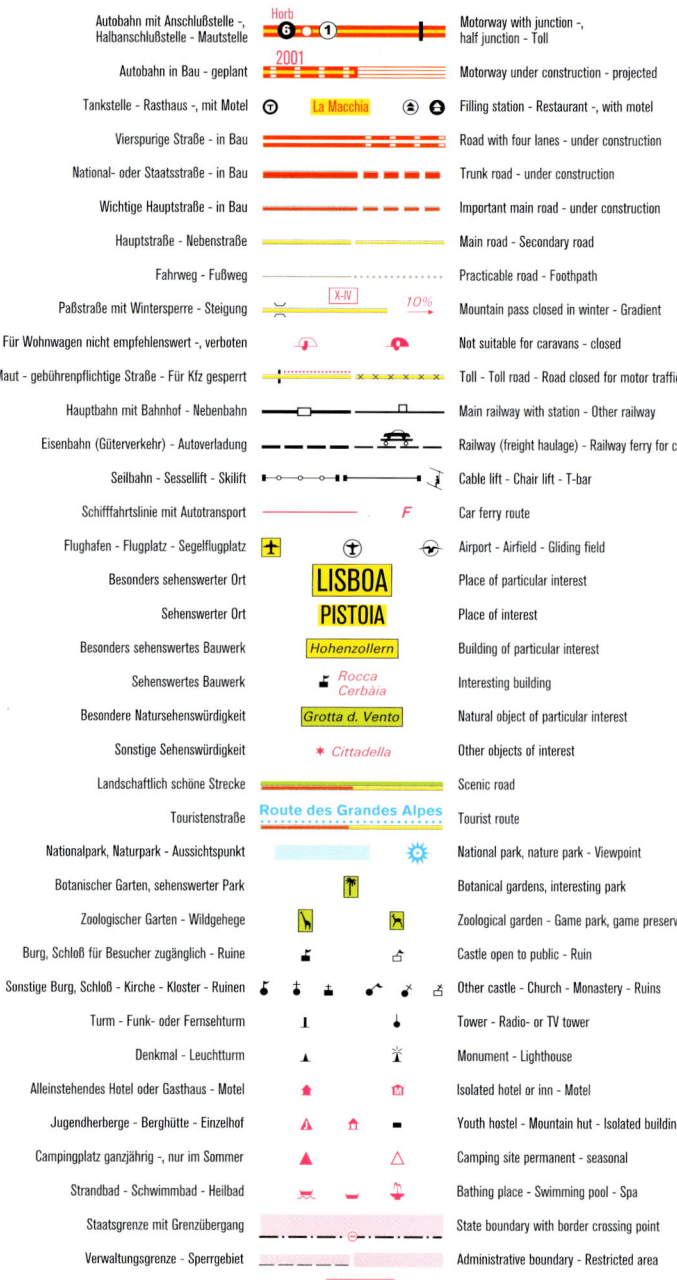

REGISTER

In diesem Register sind alle in diesem Führer erwähnten Orte und Täler verzeichnet, außerdem die wichtigsten Berge. Halbfette Seitenzahlen verweisen auf den Haupteintrag, kursive auf Fotos.

Agordo 18, **38f.**
Alba 82f.
Albions 61
Alleghe 23, **37f.**
Alta Badia 87f.
Ampezzo 10, 13, 15, **46f.**
Andraz 40
Antholz 31, 69
Arabba 37, **40f.**, 87
Armentarola 62
Auronzo 18, 34, **44f.**
Barbian 64
Bellamonte 81
Belluno 9ff., 15, 27, 33, **34–37**, 89f., 92–96
Biei Daéte 88
Borca 46
Bozen 11, 15, 26f., 30, *50*, **51–54**, 55, 91–96
Brentamassiv 7, 18, 71f., **75–78**
Brixen 9f., 15, 27, 30, 37, 64, **65**
Bruneck 27, 30, **67**, 93
Buchenstein 15, 87f.
Cadore 10, 22, 34, **43f.**
Calazo 44
Campill 88f.
Campitello **82f.**, 87
Canazei **82f.**, 87
Caprile 37, **39**
Cavalese 15, **79f.**
Caviola 39f.
Cencenighe Agordino 39
Cherz 40
Ciablun 89
Ciaseles 88
Cinque Torri 6
Ciodare 39
Cibiana 46
Civetta 37ff., 42, 43, 89
Coi 42
Coldemies 38
Colle Santa Lucia 43
Contrin 40
Cordevoletal 6, **37f.**, 40f., 42
Corte 40
Corterëi 88
Cortina d'Ampezzo 8, 15, 27, **46–49**, 68
Corvara 11, 14, 53, **62f.**, 87f.
Deutschnofen 56
Dietenheim 67
Dosoledo 45
Drei Zinnen 6, 44f., 53, **68f.**, 89
Eggen 56
Eggental 15, **56**, 57
Eisacktal 6, 22, 26, 30, **64ff.**
Enneberg **63f.**, 88
Eppan 55
Etschtal 6, 22ff., 26, **55**, **75**
Falcade **39f.**, 84
Fanes 63f.
Fassatal 11, 15f., 21, 30, 70, 71, **81–85**, 87f.

Feldthurns 64
Feltre 11, 15, 27, 85
Fiera di Primiero 86
Fischleintal 53, **69**
Fleimstal 15, 27, 56, 71, **79ff.**
Fordora 88
Forno di Zoldo **42f.**, 90
Frassenè 39
Freins 61
Fréna 88
Frontü 88
Fusine 42
Gadertal 6, 11, 15, 21, 23, **61ff.**, 88f.
Gardenaccia 53, **61**, 89
Geiselsberg 67
Geislergruppe *12*, **64f.**, 89
Giustino 79
Goima 42
Gosaldo 39
Gröden 58–61
Grödner Tal *12*, 15, 27, 30f., **58–61**, 87f.
Hochabtei 62f.
Hochpustertal 67ff.
Höhlensteintal 68f.
Innichen 15, 31, **68**, 93
Jenesien 54f.
Kaltern 55
Karerpaß 56
Kastelruth 30f., **58**
Kiens 67
Klausen **64**, 65
Klobenstein **55**, 93
Kolfuschg **62f.**, 87f.
Kreuzkofel 62, 64, 89
Kronplatz 67
Lajen 61
Lajener Ried 61
Langkofel 13, 58, **59**, 61, 81, 88
Latemar 6, **56f.**, 81, 84
Latzfons 64
La Val **64**, 88f.
Lienz 6
Livinallongo 15, 37, **41ff.**
Livinallongo del Col di Lana 40
Lorenzago 44
Madonna di Campiglio 8, 21, 31, 71, **76ff.**
Malga Ciapèla 40
Mareson 42
Margreid 53, **55**
Marmolada 9, 13, 18, 34, **39f.**, 43, 67, 81, 83f.
Masarè 38
Mazzin 82f.
Mezzo Canale 44
Mezzocorona 23, **75**
Mezzolombardo 75
Miscì 89
Misurina 31, **44f.**
Mölten 54f.
Moëna 14, 79, **84f.**
Monte Civetta 19, 38, **39f.**, 43f., 90
Monte Cristallo 9, 45f., **48**, 68

Moos 69
Neumarkt 26, **55**
Niederdorf 68
Nonstal 76
Oberbozen 55
Obereggen 56
Olang 31, **67**
Palafavera 42
Pale di San Martino 39, 71, 84, **85f.**
Palus San Marco 44f.
Pampeago 56, 80
Pardell 65
Pareda 45
Passo Cereda 39
Passo Giau 34, **43**
Pecol **42**, 82
Pedraces 62f.
Peitlerkofel 64, 67, 89
Pelugo 78
Penia 82
Pera di Fassa 85
Pescül 43
Petersberg 56
Pfalzen 66
Pianaz 42
Pian Pareda 83
Piavetal 6, 22, 23, **44**
Pieve di Cadore 15, 34, **44**
Pieve di Livinallongo 40f.
Pinzolo 72, **78**
Pinzon 55
Plan de Gralba **61**, 88
Porta Vescovo 34, **40**, 87
Pozza di Fassa 85
Prags 63, **68**
Pragser Tal 53, **68**
Predazzo 18, **80f.**
Pustertal 6, 31, **66f.**
Rasen 67
Rautal 93
Reischach 67
Ritten 55
Rivamonte Agordino 39
Rocca Pietore 40
Rosengarten 6, 51, **56f.**, 81, 83f.
Runch 89
Salten 54f.
San Martino di Castrozza 71, **85f.**
San Michele all'Adige 23, **75**
San Stefano 45
San Vito 46
Sappada 30f., 34, **45f.**
Sass Pordoi 72, **83**
Schlern 16, 31, 51, **57f.**
Seis 31, 58
Seiser Alm 57f.
Sella 9, 34, 40, 43, **59**, **61f.**, 72, 81, 83, 87f.
Selva di Cadore 43
Sennes 63
Seres 89
Sexten **68f.**, 93
Sextner Tal 45, **69**
Soraga 84
Sottoguda 40
St. Christina 27, 31,

59ff., 87
Steinegg 56f.
Stern/La Villa 62f.
St. Jakob 65f.
St. Kassian 62
St. Leonhard 53, **64**
St. Magdalena 66
St. Martin in Thurn **64**, 93
St. Peter 61, 65f.
St. Ulrich 27, 31, **58–61**
St. Vigil **63f.**, 67
St. Zyprian *4*
Teis 65f.
Terenten 66
Terlan 55
Tesero 81
Tierser Tal *4*, 53, **56f.**
Toblach 8, 31, **68f.**, 93
Tofana 6, 46f., **48**, 67
Tonadico 46
Töveltal 71, **76**
Tramin 26, 31, 55
Trient 9ff., 14, 27, 30f., 55, **71–75**, 91–96
Tschamintal 57
Tschövas 61
Tuenno 76
Vado di Cadore 46
Valboite 46
Val Canali 86
Val Comelico 44, **45**
Val di Borzago 78
Val di Sole 76
Val d'Oten 44
Val Fiorentina 38, **43**
Val Genova 78
Valle d'Ansiei 44f.
Valle del Biois 39
Valle di Cadore 46
Valle di Primiero 85f.
Valle di S. Nicolò 85
Valle di Zoldo 8, 19, 22, 31, 34, 43, **41ff.**, 89f.
Valle Travignolo 81
Valli Giudicarie 76
Val Meledrio 76
Val Mezdi 83
Val Pettorina 40
Val Rendena 76, **78f.**
Valsugana 6
Vauda 10
Verdings 64
Vierschach 69
Vigo di Cadore *32*, 34, **44**
Vigo di Fassa 71, *81*, 82, 84, **85**
Villanders 64
Villnößtal 64, **65f.**
Vodo 46
Völs 31, **58**
Voltago Agordino 39
Waidbruck 58, *60*
Welsberg 67
Welschnofen 56
Wolkenstein 27, 31, **59ff.**, 87
Zoldo Alto 42
Zoppè di Cadore 42

Was bekomme ich für mein Geld?

 Mark tauscht man besser in Italien ein. Das Preisniveau ist in Südtirol eine Spur höher als in den anderen Dolomitenprovinzen. Auffallend sind bei den Hotels in allen drei Gebieten die oft extrem unterschiedlichen Hoch- und Nebensaisonpreise.

In einfachen Lokalen können zwei Personen von etwa 40 000 Lire an essen und trinken. Besonders preiswert sind Übernachtungen in den Schutzhütten (von 26 000 Lire pro Person an) und Bauernhöfen (Doppelzimmer mit Frühstück rund 35 000 Lire). Sehr günstig kommen die vielen pauschalen Arrangements von Hotels oder Orten in allen drei Provinzen. Besonders zu beachten: der Kinderbonus »Special for kids«.

Ein Liter Grappa ist von 17 000 Lire an zu haben, eine Flasche Qualitätswein von 5000 Lire an. Ein Kilogramm Espressokaffee kostet um 20 000 Lire, ein Kilogramm Räucherspeck 27 000 Lire. Die *gelaterie* berechnen pro Kugel Eis zwischen 1000 und 1500 Lire. Wenn der Berg ruft, wird's allerdings teurer. Eine Klettertour mit Bergführer kostet je nach Schwierigkeit zwischen 350 000 Lire und 700 000 Lire, ein Skipaß »Dolomiti Superski« (7 Tage) in der Hauptsaison 309 000 Lire. Eine Halbtags-Dolomitenrundfahrt im Bus ist von 33 000 Lire an zu haben.

DM	Lit	Lit	DM
1	990	100	0,10
2	1.980	500	0,51
3	2.970	1.000	1,01
4	3.960	1.500	1,52
5	4.950	2.000	2,02
10	9.900	5.000	5,05
20	19.800	7.500	7,58
25	24.750	10.000	10,10
30	29.700	20.000	20,20
40	39.600	25.000	25,25
50	49.500	30.000	30,30
60	59.400	40.000	40,40
70	69.300	50.000	50,51
75	74.250	60.000	60,61
80	79.200	70.000	70,71
90	89.100	80.000	80,81
100	99.000	90.000	90,91
250	247.500	100.000	101,01
500	495.000	500.000	505,05
1.000	990.000	1.000.000	1.010,10

Seit 1999 gelten bis zur endgültigen Einführung des Euro die obenstehenden Kurse. Sie sind keinen Schwankungen mehr unterworfen.

Damit macht Ihre nächste Reise mehr Freude:

Die neuen Marco Polo Sprachführer. Für viele Sprachen.

Sprechen und Verstehen ganz einfach. Mit Insider-Tips.

Das und vieles mehr finden Sie in den Marco Polo Sprachführern:
- Redewendungen für jede Situation
- Ausführliches Menü-Kapitel
- Bloß nicht!
- Reisen mit Kindern
- Die 1333 wichtigsten Wörter